U1009872

学前教师教育案例评析教程系列

丛书主编　杨彦

幼儿英语教育活动指导

主　编　苏小菊　任晓琴

副主编　颜晓芳　覃　静　谢恬恬　钟博淮　杨　楠

新形态
一体化教材

WUHAN UNIVERSITY PRESS
武汉大学出版社

图书在版编目(CIP)数据

幼儿英语教育活动指导/苏小菊,任晓琴主编.—武汉:武汉大学出版社,2022.8

学前教师教育案例评析教程系列/杨彦主编

ISBN 978-7-307-22821-4

Ⅰ.幼…　Ⅱ.①苏…　②任…　Ⅲ. 学前教育—英语课—高等学校—教材　Ⅳ.G613.2

中国版本图书馆 CIP 数据核字(2021)第 272744 号

责任编辑:郭　静　　责任校对:汪欣怡　　版式设计:韩闻锦

出版发行:**武汉大学出版社**　(430072　武昌　珞珈山)

(电子邮箱:cbs22@ whu.edu.cn 网址:www.wdp.com.cn)

印刷:武汉中远印务有限公司

开本:787×1092　1/16　印张:12.75　字数:264 千字　插页:1

版次:2022 年 8 月第 1 版　　2022 年 8 月第 1 次印刷

ISBN 978-7-307-22821-4　　定价:35. 00 元

版权所有,不得翻印;凡购买我社的图书,如有质量问题,请与当地图书销售部门联系调换。

学前教师教育案例评析教程系列

丛书主编　杨彦

丛书编委会

丛书顾问

文　萍　广西幼儿师范高等专科学校
王　屹　南宁师范大学
李艳荣　广西幼儿师范高等专科学校
张家琼　重庆第二师范学院
熊　伟　陕西学前师范学院

丛书主编

杨　彦　广西幼儿师范高等专科学校

丛书编委（以下按姓氏笔画排序）

丁桂苏　桂林师范高等专科学校
韦国善　崇左幼儿师范高等专科学校
田茂群　钦州幼儿师范高等专科学校
刘洪波　柳州城市职业学院
刘晓军　广西幼儿师范高等专科学校
李钰燕　广西教育研究院
李淑贤　广西幼儿师范高等专科学校实验幼儿园
杨廷树　铜仁幼儿师范高等专科学校
杨　彦　广西幼儿师范高等专科学校
杨晓云　南宁市直属机关保育院
吴宣毅　广西凌云县中等职业技术学校
佘雅斌　广西幼儿师范高等专科学校
陈金菊　广西幼儿师范高等专科学校
陈泽铭　中国儿童教育发展中心
陈　娟　广西演艺职业学院
林　丽　广西直属机关第一幼儿园
金晓梅　湖北幼儿师范高等专科学校
胡　明　广西直属机关第三幼儿园
贵尚明　广西博童教育发展有限公司
夏　蔚　川南幼儿师范高等专科学校
徐卫梅　广西实验幼儿园
徐晓燕　川北幼儿师范高等专科学校
唐翊宣　广西幼儿师范高等专科学校
蒙志勇　广西幼儿师范高等专科学校
雷一萍　广西二轻技师学院
熊秀峰　北海艺术设计学院

丛书总序

“骑马者应从马背上学”

“骑马者应从马背上学”是我国著名幼儿教育家张雪门先生关于幼稚师范教育要加强见习和实习、注重实践和实例，促进学生通过课堂听讲、实际体悟从而内化所学、善于应用，以培养合格而优秀的幼教师资的重要指导思想。张雪门先生创办的北平幼稚师范学校，在管理上特点突出：学生上午在校听课、下午到园实习，把一系列实践活动贯穿于三年学习之中，认为只有亲自参与到真实的幼教情景当中去观察、去尝试，才能获得有效的经验并且提升能力。“离开了马背，尽管念一辈子的骑马书，如果跨上马去，还是会从马背上翻下来。”张雪门先生用朴素至理的箴言，生动形象地诠释了幼教师资培育之“实”与“适”，至今仍具有重要的时代意义。

新时代的“骑马者”——幼儿园教师，无论职前培养还是在职培训，都更需夯实“马背”——实践教学体系，包括优秀案例及指导教程等专门的支撑。基于实践取向研发系列课程资源，强化实训实作实习，优化幼儿园教师培养培训，是国策精神、教育使命、社会期盼。

自 2012 年以来，《3—6 岁儿童学习与发展指南》《幼儿园教师专业标准（试行）》《教师教育课程标准（试行）》《中共中央国务院关于学前教育深化改革规范发展的若干意见》等相继出台，关于幼儿健康成长、幼教提质增益及其重中之重是打造专业化幼师队伍等研究日益深入。2018 年《中共中央国务院关于全面深化新时代教师队伍建设改革的意见》这一里程碑式的文件提出“大力振兴教师教育，不断提升教师专业素质能力”“全面提高幼儿园教师质量，建设一支高素质善保教的教师队伍”“强化实践性课程”等重要指示，为我们积极应答新时代学前教育高质量发展和幼教师资高水平建设明确了方向和要求。

“纸上得来终觉浅，绝知此事要躬行。”长期以来，尤其是在见习实习过程中与学生们和幼儿园园长、老师们大量接触和深入交流，感受到大家有很多好点子、好做法、好经验值得分享，如不注重收集整理则难免遗憾，若将其梳理集萃，得以“珠海拾贝”，传扬“典型正能”，创获“实践智慧”，对推进人才培养、丰富理论内涵和指导幼教实务将带来诸多利好。于是，经过集思广益和不懈努力，“学前教师教育案例评析教程系列”结集出版。丛书立足实践，以其理性的思考、独到的构想，将感性体悟、学理逻辑有机融入案例铺陈、图文并茂、资讯扩展和品评点拨之中，力求能够更好地诠释“实”与“适”。

实——衔华佩实。对于丛书和各册的体例架构，怎样才能基于实实在在的一线经验且不简单堆砌、不流于形式，我们几经思索、终得破解。遵循实践教学规律，以学习者视角，对教育随笔、教育故事、教育案例等材料进行有机重构，突出导引性、递进性、可借鉴性和可操作性。通过情境导入、单元聚焦来引领了解各单元要义，各单元之下设置若干课，将学习目标、学习准备、学习领航、学习支持、案例与评析以及拓展检测等板块组成各课的主体内容，并辅以扫码查阅资源链接、扩展认知和项目练习等内容，把各册编写成一本本扎实、平实、充实的案例式指导教程。凸显以案促学，以例明理，以评启智，以实践出真知。

适——以适为新。考虑到丛书和各册的实际应用，为了使文本活现起来，跃然纸上而不是停滞于书中，我们力求增强教材的普适性、自适性。丛书各册所涉及课程均为《幼儿园教师专业标准（试行）》《学前教育专业认证标准（暂行）》指向的专业课程，且大多为各院校学前教育专业人才培养方案的核心课程，涵盖环境创设与利用、游戏活动支持与引导、幼儿行为观察与分析、保教活动与班级管理、沟通与合作、反思与发展等专业能力，是全体幼师必备的“专业基本功”，对标明确，普适性强。同时丛书编写注重提升阅读友好，不仅甄选优秀案例，而且精选照片、图表、声像资料等，配合发散式问答、建设性提示等，支撑各级各类幼师“一专多能”。教材以新样态、多元化呈现，可读易懂，自适性强。凸显人与书的界面交互，学与做的应用交互，支持探寻适切的个性化学习兴趣并鼓励迈向自我创新之路。

编写此套丛书是为丰富学前教师教育课程资源、加强推进实践教学、促进幼师人才培育质量，为众多院校的幼师生和广大的幼教人员提供专业成长的“样例”和“支架”。为达初心，我们勤力深耕，精益求精。自2019年开始动议、构思、组队、编撰并不断完善，直至丛书问世，我们克服了诸多困难！尽管2020年突如其来的疫情迫使编写工作按下了暂停键，丛书出版计划也受到影响，但是我们坚持笔耕不辍，终在花果繁茂之季得尝墨色书香。回顾此间历经的三年，一支热爱教育事业、理论基础扎实、实践经验丰富的编写团队如同一个大家庭，彼此勉励，共克时艰，不辞辛劳，令人感佩！以广西幼师（前身是1938年张雪门先生创办的北平香山慈幼院桂林分院广西幼稚师范学校）学前教育专业教师为主组成的高校团队，与广西、四川、云南等各示范幼儿园的园长们、老师们和各界热心人士积极联动、携手共进，武汉大学出版社的热忱邀约和鼎力支持也给予源源动能，所有参编人员的专业和敬业融汇于字里行间，在此一并衷心感谢！

“生活兮教育，生活兮教育，我们生命唯一之伴侣。为汝勤力，不分旦夕，为汝驰驱，不顾险夷。人生意义在利他，他利己亦利，生活兮教育。”

“淳朴兮孩子，淳朴兮孩子，未来世界好坏之主体。浑然心地，不知害利，乐哉游戏，不计非是。社会价值在没我，没我以利人，先利小孩子。”

八十多年来，北平香山慈幼院校歌仍萦绕耳畔荡涤人心，纯美而清晰地传递了张雪门先生的教育理念。从北平到桂林，从过去到现在，无论时空如何转换，坚守“先利小孩子”初心不改；无论“骑马者”如何更迭，坚持“从马背上学”笃行不怠。期待能将我们对学前教育的美好追求传递和共勉，也望不吝赐教以改进不足之处。脚踏实地、志存高远，将“骑马者”“扶上马”并“送一程”，这是历史重托和时代使命，我们将继续深研精进，为新时代幼教师资培育贡献“广幼智慧”。

杨彦

2022 年 1 月于绿城南宁

前　　言

近20年来，幼儿英语教育飞速发展，关于幼儿英语教育活动指导类型的优秀教材并不少。这些教材对幼儿英语教育的理论做了详细的归纳阐述，为幼儿英语教育的实施提供了有力的理论支持，并按照当时的实际工作需要编排实训项目，有针对性地引导读者训练提高自身的幼儿英语教学能力。这些优秀教材的作者们为我国的幼儿英语教育事业作出了巨大的贡献。在此向这些优秀教材的作者们致敬。

本教材的编写在这些优秀教材内容的基础上，顺应新教育形势的需要，重新对幼儿英语教育活动指导的内容进行梳理和适当补充，主要从以下三个方面入手：

一、将思政内容融合教学内容，把思政元素融入工作任务

国际形势复杂多变，而信息技术时代中的幼儿从小极易接收各种文化信息的冲击，他们幼稚的心灵需要成人科学地守护和引导。因此，思政素养应是幼儿英语教师的首要素养，这样才能牢牢把握幼儿教育的正确方向。课程思政理念的提出，要求课程思政内容应贯穿整个课程的学习。本教材基于幼儿英语或双语教师的工作和职业发展需要，开发思政内容，将思政内容和工作内容融合，引导读者通过完成工作任务实训项目，提升自身工作技能的同时提升工作态度、学习态度和个人思想道德修养。

二、提倡幼儿英语教育以日常生活渗透为主，幼儿英语教学为辅

近两年，随着幼小衔接和基础教育阶段“双减”政策的加强实施，在幼儿园实行幼儿英语教育时应了解小学英语教育的课程标准(义务教育《英语课程标准(2011版)》中的一级和二级)的相应要求，做出科学的幼儿英语教育计划，为幼儿以后顺利过渡到小学英语的学习做好铺垫。

英语听说技能是小学英语教育阶段主要培养的英语技能，这也是英语作为一种语言沟通工具所需的基本技能。因此，在幼儿阶段实施英语教育，应当以启蒙幼儿的英语听说能力为主，这也是目前大多数教材统一的幼儿英语培养目标。然而，对于如何基于目

前的师资力量更好地培养和发展幼儿英语听说能力的问题，在大多数教材中提出了采用日常生活渗透的方式，但是却没有具体提出实施办法。

本教材将幼儿英语日常生活渗透工作任务梳理出来，编排实训项目，指导读者进行针对性的训练。编者提倡幼儿英语或双语教师应先具备幼儿英语日常生活渗透能力，也就是给幼儿示范如何“用英语”的能力，再发展自身的幼儿英语教学能力，即带幼儿“玩英语”的能力。教师日常以在幼儿园生活中有计划地逐步渗透“英语应用”为主，再结合实际开展或配合外教开展幼儿英语集体教育活动，以英语语言集体教育活动辅助促进日常英语的应用，为幼儿以后的小学英语学习奠定基础。

三、理实一体化

理论需联系实际，才能更好地帮助学习者深入理解和应用。如果读者为新手教师或在校学生，工作实践经验很少，在进行理论学习的时候，他们自己很难联系到工作情景，对理论要么一知半解，要么水过鸭背，看过即忘。本教材将幼儿英语教育理论与工作场景相结合，每一个内容的学习都从职场案例情景导入，分析问题，引导读者带着问题去学习相应的理论知识，再进行相应的实训项目，力求将理论学习和工作情景、任务相结合，做到理实一体化。

本教材共分为三个模块，十三个工作任务。按照幼儿英语（或双语）教师的能力发展可分为基础篇和进阶篇，基础篇中包含模块一和模块二，主要指导读者树立正确的幼儿英语教育观，并且“会用英语”，会用英语唱儿歌、玩游戏、讲故事，让英语与幼儿园日常生活情境相融合，更好地营造幼儿园英语语言环境；进阶篇为模块三，主要指导学生或教师“会玩英语”，能系统地设计与实施活动形式多样、趣味性强的幼儿英语活动，使幼儿英语学习过程游戏化，带领孩子们“玩转英语”，在“玩”中学习和习得英语。三个模块按照幼儿英语（或双语）教师工作和职业发展的需要，对照设计了三个思政主题，分别是自立自信、以身作则、教学相长。每一个主题下，根据对应的工作任务都设计了相应的具体思政内容。

本教材既可作为教育类专业的专业选修课教材，也可作为学前英语专业的专业核心课教材。作为非学前英语专业的读者，建议将学习重点放在模块一和模块二的学习和实训项目上，重点了解幼儿英语教育的整体理念和日常英语渗透的方法，以便在工作岗位中对幼儿英语教育起到积极的辅助作用。模块三的内容重在帮助读者了解幼儿英语教育方式方法的具体应用，实训任务可根据读者需要选择完成。对于学前英语专业的读者，建议通读三个模块的内容并完成相应的实训项目，并注意在每次实训后借鉴实践反思的评分表和附录中的实践反思评分细则参考进行总结和反思，积极进行改进完善，以培养自己正确的幼儿英语教育观、英语应用于教育教学的能力、幼儿英语教育活动设计与组织的能力，以及治学严谨、不断反思、虚心好学、积极进取的工作态度。

本教材借鉴了现代职业教育中现代学徒制的课程内容模式，设计和构建了教材的内容框架，部分内容编写也得益于《中西儿童绘本中的文化价值观对比研究》(广西中青年教师科研基础能力提升项目，立项编号：2020KY28011)课题研究成果。本教材的顺利出版得益于编者所任教院校——广西幼儿师范高等专科学校的大力支持，得益于编写小组中各位教师的辛勤付出，特别是颜晓芳教授的不吝指导，得益于合作实训基地(广西维伯教育集团、广西双清国际幼儿园、广州诺亚舟外语幼儿园、广西南宁市永恒宝贝国际幼儿园、广西南宁市青秀区贝娜教育培训中心有限公司)的大力支持，以及武汉大学出版社的大力支持，在此一并表示诚挚的谢意。

编　者

2021 年 10 月

教学内容框架一览表

篇章	模块	任务	知识链接	实训项目	思政内容
基础篇	模块一：幼儿英语教育工作的基本理念（思政主题：自立自信）	任务一：了解工作岗位要求	知识链接：如何尽快上岗和适应新岗位？	实训项目：幼儿双语教师求职与入职	自立自强，爱岗敬业
		任务二：了解幼儿英语教育理念	知识链接一：幼儿英语教育可行吗？ 知识链接二：如何根据幼儿英语学习的特点实施英语教育？ 知识链接三：幼儿英语学什么？	实训项目：幼儿园内幼儿英语教育理论研讨活动模拟（一）（二）（三）	治学严谨，多方借鉴学习，多面思考总结
	模块二：幼儿园一日活动英语渗透（思政主题：以身作则）	任务三：幼儿园生活英语日常渗透	知识链接：如何进行幼儿园一日活动英语渗透？	实训项目：模拟组织幼儿园一日活动英语渗透	健康的生活习惯，自尊自律
		任务四：英语儿歌在幼儿园的一日环节渗透	知识链接：如何将英语儿歌渗透在幼儿园的一日环节中？	实训项目：模拟组织英语儿歌在幼儿园的一日环节中的渗透	讲文明，具有良好的社会道德
		任务五：英语在幼儿园五大领域活动中的渗透	知识链接：如何将英语渗透在幼儿园五大领域活动中？	实训项目：设计幼儿园五大领域英语渗透方案	因材施教，敢于创新
		任务六：英语在幼儿园亲子活动中的渗透	知识链接：如何将英语渗透在幼儿园亲子活动中？	实训项目：设计并模拟实施幼儿园亲子活动英语渗透方案	团结协作，和谐共建

续表

篇章	模块	任务	知识链接	实训项目	思政内容
进阶篇	模块三：幼儿英语教育活动设计与实施（思政主题：教学相长）	任务七：幼儿英语教育活动方案设计	知识链接：如何设计和编写幼儿英语教育活动方案？	实训项目：幼儿英语活动方案设计	工作有条理、有计划，一丝不苟
		任务八：幼儿英语教育活动步骤设计与组织	知识链接：如何设计与组织幼儿英语教育活动步骤？	实训项目：设计并模拟实施幼儿英语教育活动	敢于实践，注重自身执行力的培养
		任务九：幼儿英语游戏活动设计与组织	知识链接：如何设计与组织幼儿英语游戏活动？	实训项目：设计并模拟实施幼儿英语游戏活动	教学精益求精
		任务十：幼儿英语儿歌活动设计与组织	知识链接：如何设计与组织幼儿英语儿歌活动？	实训项目：幼儿英语儿歌活动设计与组织	童心、爱心、耐心
		任务十一：幼儿英语故事活动组织与实施	知识链接：如何设计与组织幼儿英语故事教学活动？	实训项目：设计并模拟组织实施幼儿英语故事活动	自身品德修养及渗透
		任务十二：幼儿英语主题教育活动设计与组织	知识链接：如何设计与组织幼儿英语主题活动？	实训项目：设计并模拟实施幼儿英语主题活动方案	加强文化自信和思政修养，认真执行党的方针政策
		任务十三：幼儿英语教育活动效果观察与记录	知识链接：如何通过活动观察评价幼儿英语教育的效果？	实训项目：幼儿英语活动观察与记录	反思自省，虚心向教，终身学习，不断提高

目　录

基　础　篇

模块一：幼儿英语教育工作的基本理念 …… 3
任务一：了解工作岗位要求 …… 4
知识链接：如何尽快上岗和适应新岗位？ …… 5
第一节　幼儿英语教师典型工作任务与基本素养 …… 5
第二节　幼儿英语教师技能技巧发展建议 …… 8
实训项目：幼儿双语教师求职与入职 …… 9
任务二：了解幼儿英语教育理念 …… 10
知识链接一：幼儿英语教育可行吗？ …… 11
第一节　关于幼儿英语教育的论争 …… 11
第二节　幼儿英语教学的理论基础 …… 13
第三节　国内外儿童外语教育发展趋势 …… 16
实训项目：幼儿园内幼儿英语教育理论研讨活动模拟(一) …… 16
知识链接二：如何根据幼儿英语学习的特点实施英语教育？ …… 18
第一节　幼儿英语学习特点与幼儿英语教育 …… 18
第二节　幼儿英语教育主要运用的教学法 …… 24
第三节　当前幼儿英语教学模式与网络辅助教学 …… 31
实训项目：幼儿园内幼儿英语教育理论研讨活动模拟(二) …… 33
知识链接三：幼儿英语学什么？ …… 36
第一节　幼儿英语教育的培养目标 …… 36
第二节　幼儿英语学习内容 …… 39
实训项目：幼儿园内幼儿英语教育理论研讨活动模拟(三) …… 43
模块工作小结 …… 44

模块二：幼儿园一日活动英语渗透 …… 45
任务三：幼儿园生活英语日常渗透 …… 46
知识链接：如何进行幼儿园一日活动英语渗透？ …… 47
实训项目：模拟组织幼儿园一日活动英语渗透 …… 51
任务四：英语儿歌在幼儿园一日活动中的渗透 …… 54
知识链接：如何将英语儿歌渗透在幼儿园的一日活动中？ …… 55
实训项目：模拟组织英语儿歌在幼儿园一日活动中的渗透 …… 57
任务五：如何在幼儿园五大领域活动中进行英语渗透 …… 60
知识链接：如何将英语渗透在幼儿园五大领域活动中？ …… 61
实训项目：设计幼儿园五大领域英语渗透方案 …… 68
任务六：英语在幼儿园亲子活动中的渗透 …… 72
知识链接：如何将英语渗透在幼儿园亲子活动中？ …… 73
实训项目：设计并模拟实施幼儿园亲子活动英语渗透方案 …… 77
模块工作小结 …… 81

进　阶　篇

模块三：幼儿英语教育活动设计与实施 …… 85
任务七：幼儿英语教育活动方案设计 …… 86
知识链接：如何设计和编写幼儿英语教育活动方案？ …… 87
实训项目：幼儿英语活动方案设计 …… 97
任务八：幼儿英语教育活动步骤设计与组织 …… 98
知识链接：如何设计与组织幼儿英语教育活动步骤？ …… 99
实训项目：设计并模拟实施幼儿英语教育活动 …… 104
任务九：幼儿英语游戏活动设计与组织 …… 108
知识链接：如何设计与组织幼儿英语游戏活动？ …… 109
实训项目：设计并模拟实施幼儿英语游戏活动 …… 114
任务十：幼儿英语儿歌活动设计与组织 …… 117
知识链接：如何设计与组织幼儿英语儿歌活动？ …… 118
实训项目：幼儿英语儿歌活动设计与组织 …… 123
任务十一：幼儿英语故事活动组织与实施 …… 127
知识链接：如何设计与组织幼儿英语故事教学活动？ …… 128
实训项目：设计并模拟组织实施幼儿英语故事活动 …… 136

任务十二：幼儿英语主题教育活动设计与组织 …… 140
知识链接：如何设计与组织幼儿英语主题活动？ …… 141
实训项目：设计并模拟实施幼儿英语主题活动方案 …… 146
任务十三：幼儿英语教育活动效果观察与记录 …… 155
知识链接：如何通过活动观察评价幼儿英语教育的效果？ …… 156
第一节　幼儿园英语渗透的效果评价 …… 156
第二节　幼儿英语活动效果评价 …… 158
实训项目：幼儿英语活动观察与记录 …… 161
模块工作小结 …… 162

附录 …… 163
附录一　幼儿英语教育常见问题及答疑 …… 163
附录二　幼儿英语教育说课活动 …… 166
附录三　常用幼儿英语活动资料 …… 173
附录四　工作反馈与自评观测细则参考 …… 181

参考文献 …… 187

基 础 篇

模块一：

幼儿英语教育工作的基本理念

内容介绍：

在这个模块中，将介绍幼儿英语教师岗位的典型工作任务，以及幼儿英语教育的基本理念。请在学习和完成实训任务的过程中，在努力丰富知识和提高技能的同时，尝试去理解和体验作为一名教师自立自强所需的一些基本素质。

模块工作任务如下：

任务一：了解工作岗位要求

任务二：了解幼儿英语教育理念

任务一：

了解工作岗位要求

任务介绍：

这个工作任务情境往往会发生在新手教师求职或刚入职的时候。求职时，新手教师需要简洁明了地展示你的特长，但更重要的是需要展示你能胜任这份工作的一些基本素质和能力，以便顺利就业。上岗后，园方也会要求新老师对新岗位进行详细的了解，并尽快上岗。

通过完成本项任务的学习与实训，你将了解学前英语教师的必备基本能力和基本素养、学前英语教育的典型工作任务，以及学前英语教师的发展方向，以便你在求职时更有自信，或在上岗的时候能更快地进入岗位角色，开展工作。

知识链接：

如何尽快上岗和适应新岗位？

案例导入：

又到一年毕业季，丽丽将要参加幼儿园老师的工作招聘了。她在双选会上看到有一家双语幼儿园招聘学前双语教师，自己主修学前教育专业，大一的时候也上过大学英语课程，那么自己能不能胜任这个职位？自己的英语知识在幼儿园够不够用、能不能用呢？幼儿园对双语老师又有什么要求呢？

问题聚焦：

这个案例中，新手教师不太清楚幼儿园里的双语教师需要具备什么样的知识和技能。学前教育专业毕业的老师能不能在幼儿园开展英语活动？英语教育专业的老师到了幼儿园能不能胜任幼儿园的工作呢？

因此，在这部分内容的学习过程中，请思考以下问题：

1. 幼儿英语教师需要哪些基本素养？

2. 教师要怎样进行个人提升才能做到“学前教师英语化”或者“英语教师学前化”？

第一节　幼儿英语教师典型工作任务与基本素养

学前儿童英语教育是一种根据学前儿童身心发展特点和语言学习规律，通过创设环境对学龄前儿童实施的英语启蒙教育。幼儿英语教师的工作场所是幼儿园，除了有普通幼儿园教师的技能外，还需要有必备的英语素质。作为一名初入职场的幼儿园英语教师，或者幼儿园双语教师，具体的工作任务是什么呢？

一、幼儿英语教师的典型工作任务分析

2012 年教育部出台了《幼儿教师专业标准》，指出作为幼儿教师在专业能力方面，

充分体现了幼儿园教育的突出特点和保教工作的基本任务，特别强调幼儿园教师必须具备的良好环境创设与利用、幼儿一日生活的合理组织与保育、游戏活动的支持与引导、教育活动的恰当计划与实施的能力。

在此背景下，很多幼儿园不再设专职幼儿英语教师的岗位，而是把幼教技能作为了任职考核的基本条件。对幼儿英语教育，则注重会用幼儿教育的方法组织英语活动。在幼儿在幼儿园的一日活动组织环节中，幼儿英语教师的典型工作任务梳理如下：

(一)一日生活组织与保育

合理安排和组织一日活动的各个环节，将双语教育灵活地渗透到一日生活中。科学照料幼儿日常生活、帮助引导幼儿日常生活环节中养成好的生活习惯、有效保护幼儿，处理常见事故。

(二)开展各项幼儿中英双语教育活动

制定幼儿园双语课程目标、制订幼儿园双语教育教学计划、实施双语教育教学活动、对幼儿园双语课程进行评价等。

(三)创设幼儿园双语环境

建立良好的师幼关系、幼幼关系，建立良好的班级秩序与规则。创设有助于幼儿成长的户内外双语教育环境，为幼儿提供和制作适合双语学习的玩教具和学习材料。

(四)开展家园共育工作

组织家访、家长座谈会、节日亲子活动，与不同类型家长沟通，指导家长进行科学养育和家庭英语教育活动。

(五)主动收集分析相关教学研究资料，具备基本的教学研究能力

教师需要不断反思、改进针对双语教育工作中出现的问题，进行探索和研究，不断提高自身职业素质和双语素质，并有可持续性发展和终身学习的能力。

二、幼儿英语教师的基本素养

(一)思想政治素养

进行幼儿英语教育，教师一定要具备过硬的思想政治素养。教师在学习中西文化过程中，要有坚定的爱国爱党立场，要具备家国情怀。中国文化是基础，要有文化自信；对西方文化有一定的甄辨能力，吸收西方文化精华的同时，要有对外传播优秀中华文化的意识。这是幼儿英语教师的首要素养。这就要求教师本身平时注意提高自己的思政素养，坚守社会主义文化阵营，践行社会主义核心价值观，爱国爱党，才能有意识地引导和帮助幼儿形成正确的人生观和价值观；其次加强对西方文化的鉴赏能力，懂得甄别精华与糟粕，把好的一面传送给幼儿。

（二）职业素养

学前教育专业是面向幼儿园培养基础性的、应用型的专门人才的专业。良好的职业道德、有爱心、有童心、有奉献精神是对幼儿教师职业素养的基本要求，正如陶行知所言“捧着一颗心来，不带半根草去”。首先，幼儿英语教师应树立正确的儿童观、学生观、教师观与教育观。其次，教师是反思性实践者，在研究自身经验和改进教育教学行为的过程中需要发展实践能力，发现和解决实际问题。再次，幼儿英语教师还要不断更新自身的知识理念和教学能力，有可持续发展、终身学习和应对不断挑战的能力。最后，幼儿英语教师还应该具有较强的沟通与协作、协调与组织能力以及良好的团队精神。

（三）专业素养

1. 幼儿英语教师应该具备幼儿教育的基本理论和专业技能

幼儿英语教师首先要是一名合格的幼儿园教师。幼儿教师必须具备扎实的幼儿教育理论基础知识和幼教技能。幼儿教师要对幼儿教育和心理学有一定的了解，学前教育学、学前心理学和卫生保健学知识必不可少，这些知识可以帮助教师更好地把握幼儿教育的契机和方法，了解幼儿的身心发展特征、幼儿的语言学习规律等。在此基础上，幼儿教师的教学技能，如唱、跳、画、说，以及幼儿园五大领域的教学技能也不可或缺。有了这些技能的积累，教师才能根据幼儿的学习特点与方式选择合适的教学方式和方法，更好地培养幼儿学习积极性，促进幼儿的整体发展。

2. 幼儿英语教师的基本技能

在成为合格的幼儿教师之后，要成为一名优秀的幼儿英语教师还取决于该教师的英语基本知识以及实施幼儿英语教育的技能。

首先，作为英语启蒙教师的幼儿英语教师，需要具备标准的语音语调和流利的口语表达能力。胜任幼儿英语教育工作要以熟练掌握英语专业四种基本技能为前提，包括：听、说、读、写。幼儿处在语言学习的关键期，正确的语言示范对他们尤为重要，要避免不正确的发音和语调对幼儿产生持久的不良影响。只有向幼儿输入正确的语音信息，才能做好语言使用示范，让幼儿乐于模仿，为形成良好的语感做铺垫。其次，幼儿英语教师必须掌握实施幼儿英语教育的技能，比如：灵活运用一日英语口语的技能、英语生活渗透技能、儿歌和游戏组织技能、故事讲演技能以及英语教育活动方案设计与实施技能等。这样，才能在创设真实的语言环境的同时增加英语活动的趣味性，让孩子乐于参与英语活动，以达到幼儿英语教育的基本目标。最后，教师还需要有基本的跨文化交际意识和基本的语言运用能力。因为儿童对不同文化的感悟是通过同伴和成人来产生的。作为儿童启蒙老师的英语教师来说，这一点尤为重要，因为教师的言语行为、文化价值观、世界观都会给懵懂无知的幼儿带来很大影响。

综上，幼教能力、英语能力以及实施英语教育的能力，三者并驾齐驱，才是一名合格的幼儿英语教师(双语教师)所需要具备的专业素养。

第二节　幼儿英语教师技能技巧发展建议

幼儿英语教育的师资来源较广：有来源于学前教育专业的毕业生，也有来自英语教育的毕业生。对于这两大主流幼儿英语教育的新鲜血液，都需要经过专业化的培训，使他们掌握幼儿英语教育教学理论和实践技能。

幼儿英语教师入职后主要通过教研和参加师资培训两种外部方式来提升自己的专业水平和教育教学水平。我们从幼儿英语教师自身的角度，来看看怎样从实践方面提高我们的教学技能。

一、幼儿教师英语化

幼儿教师英语化是指对在职的、具备幼教专业背景的教师进行英语基础知识、语言能力、英语教学法等方面的专门培训。

在英语专业基础知识和语言能力方面，教师要接受英语口语的培训。由于缺乏语言环境，幼儿教师只有通过接受相对大容量的英语知识、大量的反复练习才能切实提高英语语言的专业知识，而这不仅需要个人的努力，也需要得到幼儿园单位的支持与帮助。建议幼儿园组织老师们在固定时间学习英语、看英语电影，开展英语教师演讲比赛或英语知识竞答比赛等，激发幼儿英语教师专业成长的动力。幼儿英语教师个人也应不断努力，寻找提高自身英语素养的途径。信息技术的发展给予英语教师获得知识与技能的多样途径，比如手机 App“英语流利说”“口语 100”等。这些软件有不同主题的英语口语情境，包括教育实践活动中的英语口语，能对朗读者的每个句子的发音做出语音识别，人工智能自动打分，有针对性地改善英语发音。还有许多配音 App，通过给生动形象的英语动漫角色配音练习英语口语。

在英语教育方法的培训方面，首先教师要有终身学习的意识和态度，积极加强英语语言学、幼儿第二语言习得、英语教学法等方面的理论知识，为自身提高教育实施能力、进行科研和教学反思打好基础。其次，教师应主动参加各类幼儿英语教师课程研讨会、技能大赛、经验交流等培训，聆听英语教育专家的各类学术讲座，并积极应用于实践、进行反思，从中获取进步；同时，也可积极联系幼儿英语教育开展成效显著的园所，实地进行观摩学习，与优秀教师相互交流，相互借鉴经验，共同发展。

二、英语教师幼教化

英语教师幼教化是指对英语专业毕业，未曾进修过幼教基本知识的英语教师进行幼教基本知识和技能的培训。作为在岗的教师，学、看、问、记录、实践、反思可同时进行，即自学相关知识和理论，注意看有经验的优秀教师是如何组织幼儿进行学习和生活的，观察的过程中可以根据情况适时提出问题，记录认为有用的经验方法，然后大胆地应用到自己的教学中，最后进行及时反思再循环学习。作为园方，幼儿园可聘请幼教专家或优秀幼儿教师对英语教师进行上岗培训。培训内容侧重于幼儿心理学、幼儿教育学等理论知识，讲解幼儿生理、心理发展的特点，培养教师幼儿教育方面的组织能力和实施能力，从而使新教师适应和胜任以幼儿为对象的英语教育教学活动，积极引导他们进行教学方法、教学技巧、教学手段的创新设计和实践。

实训项目： 幼儿双语教师求职与入职

1. 请分组按照以下情境分角色模拟求职面试场景。

学前教育专业毕业的丽丽勇敢地走进了双语幼儿园的面试考场，面对园长对她学前教育专业的背景能否胜任双语教师的质疑，她需要回答园长的面试题目：请你进行自我介绍并谈谈你对幼儿英语教师工作的理解。

2. 请模拟第一次参加全园教职工大会的场景，结合本章知识和自身特点在全体教职工面前来一次入职自我介绍吧。

工作反馈与自评：

（每项内容的分值建议用 5 分制表示，5 分为满分，如有不足依次递减。）

项目	小组组员反馈	旁观同学反馈	自我评价
仪容仪态			
语言表达			
内容展示			
工作态度			
改进措施：			

（项目具体评测内容请参考附录四，表 1：台上展示汇报细则评测表）

任务二：

了解幼儿英语教育理念

任务介绍：

努力钻研专业知识，保持幼儿英语教育理念的终身学习是幼儿英语教师的基本要求之一，也是幼儿英语教师的工作职责所在。作为幼儿英语或双语教师，需要把学习到的专业知识科学应用在教学内外的各项工作中，更加需要把科学的教育理念传播到家庭、社会，实现家园共育，社会共育。

通过完成本项任务的学习与实训，你将认识幼儿英语教育的可行性，了解幼儿英语学习与教育的特点以及幼儿英语学习的内容，理解幼儿英语教育的基本理念、教学方式和内容，并能在适当的时候与家长沟通，向家长们解释幼儿英语教育的理念和教育的独特方式。这个任务能帮助你顺利有序地开展新生班级工作，顺利开展幼儿英语教育活动。

知识链接一：

幼儿英语教育可行吗？

案例导入：

小桃子今年两岁了。桃子妈妈发现妈妈群里好多人把宝宝送去早教机构学英语，桃子妈妈也有了想法。可是在家里提起此事，宝爸有了不同意见："孩子那么小，普通话都说得不太利索，有必要学英语吗？"

问题聚焦：

对于大多数家长来说，孩子的健康发展是最重要的。因此，反对幼儿学英语，归根结底还是担心影响孩子语言的正常发展。只要家长能了解幼儿英语学习对孩子现在以及将来发展的影响，了解幼儿英语学习目前的研究现状和理论基础，有据可依，家长自然就会对孩子学或不学英语有个客观的判断。

在这部分内容的学习过程中，请注意思考以下问题：

1. 孩子学习英语的最佳时期在什么时候？
2. 幼儿英语学习对幼儿发展将有哪些影响？
3. 幼儿英语教育有哪些理论基础，幼儿英语教育国内外发展的趋势是怎样的？

第一节　关于幼儿英语教育的论争

关于幼儿是否能学英语的争论一直都存在。下面列举一些支持派和反对派的观点。

一、关于支持幼儿英语学习的观点

支持派认为，幼儿是能学好英语的。以下列举其中几个著名的研究成果：

(一)基于"布罗卡斯区"的语感形成

美国康乃尔大学研究机构曾在《自然》杂志上发表论文指出：大脑中负责语言学习

的部位，即“布罗卡斯区”，在学前儿童时期特别发达。儿童在接触外语时，会将其储存在此区，即与母语相同的部位。而成年人在学习外语时大脑已无法将该语言贮存在该区，只能在大脑的另一部位重新建立记忆结构。新的记忆结构没有“布罗卡斯区”灵敏，在使用时还需要和“布罗卡斯区”建立联系。因此成年人学外语的速度慢，掌握得远没有幼儿牢固，也较难形成基于“布罗卡斯区”的语感。这一研究结果充分说明了儿童早期学习外语有其生理优势。

(二)语言习得关键期理论

1967年，语言学家勒宁伯格首次提出语言习得关键期理论。该理论认为：第一语言习得受神经系统的影响，有一个关键期。在此期间内，语言习得最为容易；超过这段时间，语言习得能力则受到一定程度的限制。也就是说，7岁以后，语言学习能力就呈下降的趋势。青春期后，我们的语言习得能力就下降到最小了。

自第一语言习得关键期理论提出以来，研究者对外语学习的研究逐渐增多。很多研究者认为，外语学习也存在关键期，青春期之前的孩子学习外语的能力要强于成年人。

(三)幼儿双语能力对语言发展的积极影响

有研究表明，早期获得双语能力可以使儿童对各种语言之间的差别具有较高的敏感性，表达中无论句子平均长度，还是句子结构的完整性都优于单语儿童。他们能将语言看作他们头脑中已经拥有的诸多系统中的一个特殊系统，看作众多语言中的一种，从而提高他们的语言操作能力，尤其是语音语调。另外，由于多语儿童在交往中必须根据不同的交往情景、不同的交往对象，使用不同的语言，所以对社会情景的敏感和语言的交际能力较单语儿童强。

(四)幼儿双语学习对认知发展的积极影响

双语学习对幼儿认知的积极影响表现在以下三个方面：一是促进对事物的概括化、概念化能力的发展。二是提高发散性思维水平。双语儿童在思维的流畅性、创造性和灵活性方面优于单语儿童，因为同一思想和两种语言中的词汇相连接给儿童提供了更多联想的机会。三是从生理学的角度观察，掌握双语的儿童大脑两半球对于言语刺激均产生诱发电位，从而促进大脑两半球之间的协调，加强了神经细胞之间的联系，从而加速了儿童的智力向深层次发展。

二、幼儿英语学习反对者的担忧

(一)母语没学好对幼儿的发展不利

从教育学角度来讲，用母语进行教学，不单对巩固和提高幼儿母语有利，而且对培养幼儿的逻辑思维能力也有好处。所以，幼儿应先学好母语。幼儿年纪小，认识能力尚未达到一定水平，母语还未学好又来学英语，两种语言混淆在一起，结果两个都学不好。一般人是通过母语学习形成逻辑思维，因此过早学习英语极可能造成对其逻辑思维的干扰，导致逻辑思维能力缺陷。

(二)中国语言环境不利于幼儿学习英语

在中国学习英语，缺乏英语环境，缺乏使用机会。英语启蒙教师素质不高，不仅基础没打好，也不利于幼儿今后学习英语。另外，幼儿英语教育良莠不齐的今天，很多幼儿园开设英语课更多是为了利益，低劣的师资和教学模式极大地损害了幼儿的学习兴趣。

(三)幼儿学习英语增加了学习负担

幼儿的生理、心理都远没有发育成熟，目前幼儿所学的东西已经太多了，如果再加上一门英语，不仅会加重幼儿的负担，不利于幼儿健康成长，而且会分散幼儿学习母语的精力，有碍母语的获得。

以上这些关于幼儿学英语的纷争，一方面肯定了幼儿学习语言的生理和心理优势以及其对语言学习和认知发展的积极影响；另一方面又对外部语言环境、师资力量和母语发展产生担忧。

因此，我们认为幼儿学习英语应当有基本的原则：在学好汉语的前提下学习英语。由于中国没有完整的双语教育环境，为中国儿童的充分发展着想，幼儿的母语应当毫无疑问放在语言教育的第一位。任何影响儿童母语发展的第二语言教育计划都可能导致儿童发展的失误。

开展幼儿英语教育应在学好母语的基础上，为幼儿创设多元文化的语言环境，提高教师的英语水平和教学技巧，利用幼儿的语言学习优势初步建立英语语感，增加幼儿的语言敏感度，激发幼儿学习和运用英语的积极性。

第二节　幼儿英语教学的理论基础

为了有效创设语言环境，激发幼儿学习和运用英语的积极性，幼儿英语教育工作者需要掌握一些相关的理论基础。目前，影响幼儿英语教学的理论基础主要有：

一、克拉申二语习得理论

美国语言教育家斯蒂芬·克拉申(Stephen D. Krashen)认为：发展儿童第二语言能力的途径包括①：

---

① Stephen D. Krashen. *Principles and Practice in Second Language Acquisition* [M]. New Jersey: Prentice-Hall, 1982: 10-37.

(一)过程的习得性

“习得”是指儿童在自然的语言环境中，不经过正式的教授而自然地、下意识地获得语言的过程。习得就如儿童学习母语的过程一样，是潜意识过程，是注重意义的自然交际结果。而“学习”又称“学得”，是指儿童在正式的环境(如课堂)下有意识地、系统地、正规地学习语言的过程。学得是有意识的学习过程，即通过课堂教师讲授并辅之以有意识的练习、记忆等活动达到对所学语言的掌握。

(二)语言输入具有条件性

第一，输入是可理解的。第二，输入是有趣或相关的。第三，输入不按语法顺序进行。第四，输入必须有足够的数量。当语言输入大大超出学习者现有的水平、缺乏趣味性或相关性时，学习者就难以理解所输入的材料，此输入在习得中就没有价值。

(三)情感的积极性

有大量的可理解输入的环境并不能保证学生就可以学好目的语。语言输入必须通过情感过滤才有可能变成语言吸收(intake)，习得才能发生。其原因是：第二语言习得的过程要受许多情感因素的影响，例如，学习动机、自信、焦虑感等，它们对语言输入有着过滤作用，从而决定着学习者接收输入的多少。如果学习者动机强烈，有自信心或焦虑感较少，就容易得到更多的语言输入。

二语习得理论给幼儿英语教师的启示是：幼儿学习英语是无意识的“习得”过程，不是课堂练习和记忆的过程；幼儿学习的英语应该是与幼儿经验相符的有意义的、有趣的、足够量的、不强调语法的语言；在幼儿学英语的过程中要关注幼儿的情感，要激发幼儿的学习兴趣和自信心。

二、多元智能理论

多元智能理论是由美国哈佛大学教育研究院的心理发展学家霍华德·加德纳(Howard Gardner)在1983年提出的。加德纳从研究脑部受创伤的病人身上发现他们在学习能力上的差异，从而提出该理论。

(一)语言智能

这种智能主要是指有效地运用口头语言及文字的能力，即指听、说、读、写能力。表现为个人能够顺利而高效地利用语言描述事件、表达思想并与人交流的能力。

(二)逻辑数学智能

这种智能主要是指有效运用数字和推理的智能。即学习时靠推理来进行思考，喜欢提出问题并执行实验以寻求答案，寻找事物的规律及逻辑顺序，对科学的新发展有兴趣。

(三)空间智能

空间智能强调人对色彩、线条、形状、形式、空间及它们之间关系的敏感性，感受、辨别、记忆、改变物体的空间关系并借此表达思想和情感的能力。

(四)肢体运作智能

这种智能指的是善于运用整个身体来表达想法和感觉，以及运用双手灵巧地生产或改造事物的能力。

(五)音乐智能

这种智能主要是指人敏感地感知音调、旋律、节奏和音色等能力。表现为个人对音乐节奏、音调、音色和旋律的敏感以及通过作曲、演奏和歌唱等表达音乐的能力。

(六)人际关系智能

这种智能指的是能够有效地理解别人及其关系，以及与人交往的能力，包括四大要素：组织能力、协商能力、分析能力和人际联系能力。

(七)内省智能

这种智能主要是指认识到自己的能力。正确把握自己的长处和短处，把握自己的情绪、意向、动机、欲望，对自己的生活有规划，能自尊、自律，会吸收他人的长处。

(八)自然探索智能

这种智能表现在认识植物、动物和其他自然环境的能力，包括对于社会的探索和对于自然的探索两个方面。

(九)存在智能

这种智能是指人们表现出的对生命、死亡和终极现实提出问题并思考这些问题的倾向性。

依据多元智能理论，幼儿英语教育工作者在设计和组织英语活动时需要根据幼儿的个性，设计多元化的教学活动，激发幼儿的多元智能，做到语言智能与其他智能相辅相成，相互促进。

三、行为主义理论

行为主义理论认为，学习是刺激与反应之间的联结，其基本假设是：行为是学习者对环境刺激所做出的反应。环境是刺激，随之而来的有机体行为则是反应，所有的行为都是习得的。其基本观点是：(1)学习是刺激与反应之间的联结，有怎样的刺激就有怎样的反应。(2)学习过程是一种渐进的“尝试与错误”直至最后成功的过程。(3)强化是学习成功的关键。

该理论对幼儿英语教学的启发是：教师应尽可能充分利用各种环境，运用不同形式的语言，充分地刺激幼儿的语言潜能，鼓励幼儿尝试模仿并做出反应；同时，对他们的错误要宽容，并耐心地重复正确的内容。学习内容要有步骤、有计划地循序渐进，小步前行，反复强化，直至成功。

第三节　国内外儿童外语教育发展趋势

随着中国改革开放，具备国际视野人才的需求与日俱增。人们也意识到幼儿阶段语言学习的突出能力，幼儿英语教育逐渐在中国得到发展。无论是家庭、幼儿园以及其他早教机构都对幼儿英语教育倾注了极大的热情。幼儿园双语教育和早期儿童浸入式英语教育等已经成为当今幼儿英语教育的教学模式。从理论到实践，幼儿英语教育在中国得到了极大的发展和推广。

但由于在中国的发展时间比较短，相对于成人英语教育，幼儿英语教育仍存在较多问题，如宏观教育管理体制不健全、师资水平参差不齐、教育资源分配不均衡等。同时，幼儿英语教育的方式和手段亟待改善。因此，充分借鉴国外的外语教育经验，有助于我们改进当前的幼儿英语教育现状。

部分国家的外语语言政策不仅非常重视提升国民的外语水平，还把学习者的年龄也不断地下调。比如 1995 年，欧洲委员会发表的教育白皮书《教育和训练：以学习化社会为目标》明确指出，要使欧洲的公民熟练掌握三种外语，以此作为“素质标签”。为达到此目标，必须从幼儿园开始学习第一外语。1992—1993 年意大利决定从小学低年级开设外语课程实验，规定每个学生必须学习一门第二外语，语言可以自由选择，同时进一步把学习年龄下调。

在教学模式方面，国外也有较为成熟的模式。比如浸入式教学，该模式已经相当成功，它被推广到其他国家后发展了多种模式，如半浸入式、全浸入式、双向浸入式等。另外，国外外语教育非常重视学生外语交际能力的培养，强调情境教学，幼儿的外语教学则通过儿歌、童谣、短故事、游戏等，培养幼儿对语言的敏感性。

综上所述，在各国的关于幼儿外语教育政策和教学模式的改革中，我们可以看到它们在教育政策、教学模式等方面都体现了培养具有国际视野和跨文化意识等现实需要为目的的原则，突出了对幼儿实际运用外语能力和跨文化交际能力的培养。

实训项目：幼儿园内幼儿英语教育理论研讨活动模拟（一）

请你上网查询还有哪些幼儿英语教育理论，以及幼儿外语教育国内外发展的趋势，并结合知识链接的要点做一个介绍幼儿英语教育理论的 PPT，模拟在教研室研讨活动中的情景进行展示，分享你的学习成果。

工作反馈与自评：

（每项内容的分值建议用 5 分制表示，5 分为满分，如有不足依次递减。）

项目	小组组员反馈	旁观同学反馈	自我评价
仪容仪态			
语言表达			
内容展示			
工作态度			
改进措施：			

（项目具体评测内容请参考附录四，表 1：台上展示汇报细则评测表）

知识链接二:

如何根据幼儿英语学习的特点实施英语教育?

案例导入:

某幼儿英语教育机构中，贝贝的妈妈正在观看贝贝的外教课直播，课上外教非常有激情地带孩子们玩英语游戏玩得不亦乐乎。但是贝贝妈妈却有点焦虑，在与其他家长聊天的时候说:“上课怎么都是在玩呢?学英语不是都得背的吗?一节课就学那么两三个单词，这样下去我感觉还不如在家下载个背单词的App学到的英语多呢。”

问题聚焦:

这个案例中，家长焦虑的问题是:边玩边学，能学到英语吗?这反映了家长关注的焦点在于孩子的学习效果，对于教师采用的教学方式产生了质疑。

教师的教学方法是根据教学对象的特点和发展规律去决定的，因此这个问题我们可以从分析幼儿的英语学习特点出发，解读当前幼儿英语教育主要应用的教学法，从而帮助教师和家长更好地选择幼儿英语教育方法。

在本节学习过程中，请思考以下问题:

1. 幼儿英语学习有什么特点?
2. 当前常用幼儿英语教学法有哪几种?对比一下它们的特点。
3. 当前幼儿英语教学模式的利与弊是什么?幼儿英语教育未来的发展趋势如何?

第一节　幼儿英语学习特点与幼儿英语教育

一、幼儿英语学习的特点

幼儿的身心各方面都还处于发展阶段，尚未成熟，幼儿英语教育要真正成为能促进幼儿全面发展的教育手段，教师或家长需要综合了解幼儿生理、心理、语言发展水平、已有经验，根据幼儿语言学习以及外语学习的特点和发展规律，针对幼儿的实际情况，综合利用各种教学资源，得当地采用合适的教学方式实施教育。综合幼儿阶段的语言发展特点、幼儿外语学习的情况以及第二语言、外语学习的理论，幼儿英语学习有以下特点：

(一)幼儿正处于语言学习的"关键期"或"敏感期"

语言学习关键期的说法来自于对母语的习得研究，达成共识后被第二语言研究者所演绎，并逐渐推广到广义的第二语言研究领域。专家学者普遍认为幼儿期是第二语言包括外语习得的关键期，幼儿学第二语言比成人更有优势，而超过此段时间，语言的习得能力就会受到限制。这是我们常常在幼儿英语培训机构听到的说法。但是实际上，第二语言的关键期问题存在很大争议，有研究者提出用"敏感期"代替"关键期"的概念，也有研究者认为语言学习有多个关键期、敏感期，并非仅限于幼儿。可见，关于关键期的说法并没有得到广泛共识。

既然并未确定并得到学术界的广泛认同，为什么"关键期"还能一直存在并流传？原因是对"关键期"有一个共识，那就是在幼儿的第二语言学习包括英语学习中，语音习得的关键期已得到普遍认同。人的语音觉知在学前阶段形成，而第二语言的语音觉知也比较容易在这个时期获得。幼儿对语音的敏感性，将有助于幼儿区分不同语言的语音，感知语言和语言之间的差别。① 因此，从第二语言的关键期来考察幼儿英语学习机制，应当充分注重幼儿阶段对语音习得的敏感，并提供丰富的原汁原味的有声语音材料环境。

(二)幼儿英语学习是一种自然习得

语言学研究表明，人类在幼年时期学会一种语言是在与身边的看护者、父母、老师和朋友的接触中自然地学得的，并慢慢凭着他的语感来使用和理解这种语言，这就是前面我们所提到的习得。幼儿自然习得英语的几个明显表现如下：

1. 不怕出错，爱模仿

幼儿对周围的世界还在探索阶段，他们与成人学语言不同的是，不懂的语言对于他们来说是新鲜的事，他们本能地会去关注语言的发音和交际意图，而不会想着：听不懂怎么办？怎么翻译这句话？因为他们好奇，所以易于接受，自然而然地很爱模仿。

幼儿因爱模仿而表现出语言学习两个明显的优越性：

(1)很轻易学会片语(chunk)并使用片语。

幼儿不仅模仿语音，更爱模仿使用语言，如他们看到生活中或电影电视里的人用不

① 周兢. 对我国学前儿童英语教育定位的思考[J]. 学前教育研究，2004(12)：4-6.

同的表情说："Oh，my God!"他们会觉得好玩，有一天在某个情景下，他们会不经意地自然迸出这句话。他们听到外教老师与他们的打招呼方式是"Hello!"，并且大家和他打招呼时都用"Hello!"，很快他会自然地回应"Hello!"。有一些歌谣和故事中重复出现的语句，他们会下意识地跟着重复，很快就能学会，如绘本故事"Brown bear，brown bear，what do you see?"，幼儿很快就能复述其中的句子。

(2)不怕犯错，创造性地模仿使用语言。

在幼儿学习英语的过程中，母语的"正向迁移"和"负向迁移"同时存在，但幼儿的语言机制和自我纠错能力不强，幼儿外语学习很容易受"负向迁移"的影响，会出现"中介语"(interlanguage)的现象。"中介语"(interlanguage)是由美国语言学家塞利格(Selinker)在1969年提出的概念，指的是第二语言学习者在学习过程中，自觉地、主动地建立的一个既依赖母语、而又不同于母语和目标语的语言系统。它的特点是存在大量的语言错误。如幼儿会在英语表达中出现中英夹杂的现象，教师在教幼儿说"water"后，幼儿可能会说"热 water"。再比如幼儿听到并学到了"开门"的英语表述"open the door"，也许他们会说"open the TV""open the light"，等等。

"中介语"的出现是第二语言学习者在学习过程中的一种自然现象，现象的产生虽然含有大量的错误，但恰恰是幼儿在第二语言或外语学习中积极主动、创造性学习语言、使用语言表达思想的表现。

2. 用直觉进行学习

幼儿的思维以具体形象思维为主，他们对新的语言由于有好奇心，善于借用直观的动作和当时的交际情景来理解语言，而不必如成人那样经过母语思考再转化为外语思维。如在学习"apple(苹果)"这个词时，如果教师是指着实物或图片说的，他们会直接把"apple"的发音和苹果的实物或图片联系起来，而不会把"apple"进行汉语翻译之后再联系实物或图片。他们只关注语言的作用，和如何尽快像会说这门语言的人一样用这门语言来表达交流。因此，他们会通过反复仔细观察语言与情景中的物、人的表情动作之间的联系，猜测意义，确定意义。

3. 从"听话"到"说话"存在沉默期现象

母语的习得研究认为，儿童最先学会的是"听话"，然后才学会说话、阅读和书写。英国学者 Palmer 认为："幼儿只有经过一个酝酿阶段以后才会说本族语。"在这个沉默期，外界的语言输入在儿童头脑中逐渐积累，形成潜意识，然后逐步唤醒大脑中的语音信息，这是儿童语言运用的准备阶段。当这种准备积累到一定程度，在外界交际环境的作用下，儿童才开始理解和动口说出大量的话语。① 如婴儿从听到"宝宝拍拍手"便做相

① 陈雅芳，郭亦勤，赵放．幼儿英语教育活动指导[M]．上海：复旦大学出版社，2017：4-5.

应的动作，到自己在有意义的情景中会说这句话，大概要经历好几个月也许更长的时间。

这种沉默期在幼儿学习第二语言的时候存在，只不过时间相对会短一些。如幼儿在学习英语的时候，休息期间听到教师叫他“drink some water”(喝水)，通过教师的示意，他会过去喝水，几次之后，教师只要说句子，他便能自觉地拿起水杯喝水，但是要使他自己能用英语叫别人喝水，只有经过一段时间的反复练习才有可能说出。因此，幼儿从听懂一句话，到能在一定的情景下主动说出，其间会有一定的时间间隔，这便是沉默期。

(三)幼儿对英语语音的感知有一定的顺序性

幼儿在英语语音感知方面具有一定的顺序性，这主要表现在：(1)比较容易掌握以元音结尾的词的发音。如 car，cow，boy，teacher 等。(2)比较容易掌握单音节词和开音节词，但常常易把词尾的辅音吞掉。如 dog，nose，kite 这些词，常常容易漏发尾音辅音，特别对以爆破音结尾的词容易加元音读出来，如 kite/kait/常常读成/kaitə/。(3)对辅音连缀的感知和模仿比较困难。如“sw”“gr”“tr”等。(4)近似音容易产生混淆，如 hen，hand，head 等词，幼儿很难清楚区别并模仿发音。

二、幼儿英语教育原则

根据以上分析的特点，幼儿在语言学习中，各方面的能力发展尚未成熟，教师实施英语教育时建议把握以下原则：

(一)坚守社会主义文化阵营和把好价值观导向

语言除了是一种沟通交流的工具外，还是一个文化的载体。幼儿在学习英语的同时，不可避免也会同时接受英语的语言文化，这时教师的思政素养尤为重要。幼儿的心智正在发展中，又爱模仿，因此，教师应该做好榜样示范的作用，平时注意提高自身的思政素养，以身作则，坚守社会主义文化阵营，践行社会主义核心价值观，爱国爱党，才能有意识地引导和帮助幼儿形成正确的人生观和价值观。

(二)兼顾幼儿全面发展

《3—6 岁儿童学习与发展指南》中指出学习与发展要关注幼儿的整体性，要注重领域之间、目标之间的相互渗透和整合，促进幼儿身心全面协调发展，而不应片面追求某一方面或某几方面的发展。因此，实施幼儿英语教育应注意与五大领域内容结合或整合，将英语学习活动与五大领域活动相结合，并将英语适当地渗透到五大领域活动中，让英语学习活动成为促进幼儿在各领域均衡的发展有效手段。

(三)把握好英语幼小衔接的度

如今幼小衔接和基础教育阶段双减政策的加强实施，需要幼儿英语教师加强专业业务能力的学习。《教师教育课程标准》提到：学前教师需要了解小学教育的有关知识和幼小衔接的一般方法。作为幼儿英语教师，应当了解小学英语教育的基本内容，并把握好幼小衔接的度，不能拿小学英语课程学习的标准去要求孩子达标。幼儿英语教育的幼小衔接方式可以从以下两个方面入手：(1)了解小学英语教育的课程目标和要求，制定适合幼儿的英语教育目标。小学英语教育的内容一般对标国家教育部颁发的《英语课程标准》一、二级目标。在这个阶段，主要培养发展的是小学生的英语听说，以及初步的自然拼读技能。那么在幼儿园实行幼儿英语教育的要求应低于小学英语教育的要求。在幼儿英语教育阶段，针对幼儿的身心发展特点，认读和书写可不做要求。(2)强调幼儿英语教育的启蒙性和感受性。英语教育应与五大领域相结合，在幼儿园生活中，逐步渗透日常英语，以培养幼儿的英语语感、学习兴趣为主，让幼儿感受英语在日常交流中的应用。

(四)“习得”为主，“学习”为辅

对于幼儿英语学习而言，习得语言与学习语言的主要区别在于学习是有意识的行为，而习得是潜意识的行为。这两种方式在第二语言的学习中并不是独立的，反之，两者是密切联系的。语言学家 Ellis 指出第二语言的获得应该是在自然的或有指导的情况下，通过有意识或无意识的吸收而掌握母语以外的一门语言的过程。从幼儿的身心发展的特点来看，“习得”所具备的自然、轻松、无任务压力的学习特点也符合幼儿的认知，因此，在幼儿英语教育中，我们可以借助“学习”的计划性、系统性去给幼儿创造“习得”的环境，有目的有计划地充分利用符合幼儿需求的、让幼儿喜欢的手段，如游戏、儿歌、故事等辅助幼儿进行英语学习，努力创造幼儿园生活中的语言环境，让幼儿“习得”英语。

(五)语言“输入”为主，语言“输出”为辅

1. 关于语言“输入”

关于语言的“输入”，二语习得领域中，语言输入有其特定的含义，即指学习者听到或读到的那些具有某种交际意图的语言。所谓的“交际意图”是指语言中具有的能引起学习者兴趣的信息。学习者的目的是要理解这些内容，即话语的意义。在母语习得中，看护人对儿童的话语有一个特点，就是这些话语都是在特定的交际环境中生成的。如婴儿哭的时候，看护者也许就会对着婴儿说：“你是不是饿了？奶马上就准备好。别着急。”给婴儿喝上牛奶，婴儿不哭了，看护者仍说：“噢，真是饿了呢。宝宝是因为饿了才哭的，对吗？”这些话语在看护者给婴儿喂奶的情境中发生，而且这些话语对于婴儿而言都是有意义的，所以这样的具有交际意图的话语都可以看作是儿童母语习得的输入。

语言输入有两种类型：一种是会话式输入；另一种是非会话式输入。会话式输入的

特点是，语言是针对学习者的，学习者作为参与会话的一方，理解并对语言输入做出反应；非会话式的语言输入，如看电视、听歌、听演讲等，这些语言输入都是单向的，而且不是针对学习者的，学习者不是参与者。

语言输入理论中还提到要进行“可被理解性输入”。很多老师和家长都不理解，怎么才是“可被理解”？难道要先把语言材料中的所有单词和句子都先翻译一遍给孩子知道，才能给他们听吗？答案当然是“否”！

二语习得假说中，克拉申形象地用公式“i+1”来表示最佳语言输入，其中“i”指学习者现有水平，“1”表示不定量，具有可理解性、感兴趣的或相关的、非语法程序安排、足够的量等特征。其中，可理解性指输入语应略高于学习者现有水平，可借助已掌握的知识文化来理解所输入的语言，获得新的语言结构。感兴趣的或相关的是指输入的语料在内容上要有趣并且有关联，这样就能吸引学习者持续并轻松地学习。幼儿的注意力集中时间短，因此，输入的语言应尽量选择幼儿感兴趣并与其生活相关的信息，以保证输入效果的最大化。非语法程序安排强调大量的自然输入，而非按照语法程序进行。

因此，大量的听的信息是幼儿英语学习的起点，而听的信息应是可被幼儿理解的，兼顾会话式和非会话式两种类型输入。会话式的语言输入为幼儿提供语言运用的示范，非会话式的输入为幼儿积累语音经验。

2. 关于语言“输出”

很多孩子，特别是年龄小的孩子，在学习英语很长一段时间后都不会开口说，更别说自由表达了，所以心急的家长就会有想法，觉得孩子什么都没学到，纯属浪费钱。

我们要明白输出是输入积累到一定程度的结果，是水到渠成的事。而且，孩子学习外语从输入到输出是要有一定条件的，孩子的语言学习会有一个“沉默期”，输入一点点就开始关注输出，极有可能引发孩子的逆反和厌学。

有的家长和教师为了见效快，会想办法让孩子背很多的单词和句型，但是发现不管用。死背单词和句型就跟学游泳的人在陆地上做模拟动作，不下水永远学不会游泳的道理一样。单词也好、句型也好，都要在情境中才能学会运用。背 100 个句型不如通过动画片和阅读积累 100 个情境管用。比如：非常多的词是我们知道中文意思但却不知道用法的词，比如 take，get，come，go 等。重要的不是这些词，而是这些词的搭配及其在不同情境中活的用法。

二语习得理论中的语言输出，指的是学习者生成表达某种意义的语言。“听”在语言学习中，属于语言输入的阶段，而“说”属于语言输出的阶段。这里的“说”不包括背单词、句型和短文等那些没有交际意义的机械重复的学说练习，而是指“意义沟通”(negotiation of meaning)，即因为意义表达需要而产生的语言形式表达。第二语言学习的成功依赖于大量有效的语言输入，而语言输出会促进学习者的语言能力生成。一方面，

“意义沟通”可以使学习者注意语言输入中提供的语言特征信息；另一方面，当你必须使用第二语言进行表达时，你就会注意对方是怎么说的，而不仅仅注意对方说什么。语言输出会使学习者成为一个积极的语言输入加工者。

综上所述，在幼儿学习英语期间，应努力为幼儿创设自然语言环境，创造交际情景和交际条件，听领先，说随后，听说结合，当可理解性输入积累到一定程度时，话语能力就自然产生，是由量变到质变的过程。

(六)容错为主，间接纠正为辅

幼儿在英语学习过程中犯错是不可避免的，甚至是必需的。幼儿正是借助这些错误作为“跳板”来逐渐发展英语能力，通过“犯错和验证”(errors and trials)来不断取得进步。教师应正面、积极看待幼儿英语学习中出现的错误，对错误持宽容的态度，不要过分挑剔和过度纠正幼儿的错误，而应积极鼓励这些愿意开口说英语、乐意开口说英语的幼儿。

但宽容并不意味着忽视。有研究表明，间接的偏误纠正对语言学习者的语言学习会产生积极的作用。比如“重述”(recast)、“确认”(confirmation check)都属于间接的偏误纠正方法。如教师指着手上的苹果问“What's this?”时，希望幼儿用完整的句式“It's an apple.”来回答，但是幼儿刚开始时往往只回答：“Apple.”这时，幼儿的答案并没有错误，教师只需要用完整的句子重复幼儿的答案即可。再如，教师问：“What did you have for breakfast?”幼儿答：“I have bread and milk.”显然幼儿回答时用的时态不对，这时教师怎么做呢？教师可向幼儿确认：“You mean you had bread and milk for breakfast, don't you?”

间接纠正错误的方式关注的并不是错误本身，而是交际双方传递的信息和交际意图，因而不会对幼儿的自尊心产生伤害，同时还构建了更丰富的语言输入信息。这样既减低了幼儿的情感过滤，又给予幼儿更进一步的英语语言感受，促进了幼儿的英语习得。

以上原则是针对幼儿英语教育实施所提出的。当然幼儿英语教育隶属于幼儿教育体系，幼儿英语教育首先是要遵循一般的幼儿教育原则，其次还要在幼儿学好汉语的前提下实施英语教育并兼顾以上特定原则。

第二节　幼儿英语教育主要运用的教学法

上一节内容介绍了幼儿英语的学习特点，那么教师应如何结合幼儿英语学习的这些特点，采用合适的教学法来开展教学活动呢？本节将介绍一些在组织幼儿英语活动中较为常用、有效的有代表性的教学法，并梳理出在实际教学过程中教师面对这些教学法常常感到困惑的相关问题，对其特点和优缺点进行分析。

一、全身反应教学法 TPR(Total Physical Response)

(一)全身反应教学法简介

全身反应教学法由美国心理学家詹姆士·阿歇尔(James Asher)于20世纪60年代提出。它的英文全称是 Total Physical Response，简称为 TPR。TPR 教学法是教师和学生都能够通过自身的身体语言将教学中的单词、句型及儿歌、游戏等表达出来，使学生不通过母语翻译便能够理解教师的语言，从而完全实施直接目标语的教学法。这种方法主要是通过孩子反复听教师的指令，并做动作来学习。这种方法能激发孩子的主观能动性，在学中做，做中学，同时也大大强调了对听的能力的培养，特别适合启蒙阶段的幼儿英语学习。TPR 教学法强调语言和动作的输入，重在孩子们对语言的理解和模仿，从而自然习得语言。它是我们在组织幼儿英语活动中较为常用和有效的一种方法，但是对于复杂有难度的语言内容有一定的局限性。

(二)TPR 教学法的实施步骤

下面我们跟着老师走进教室，来看一看老师在课堂上是怎样来使用这个方法的。

T：Wow, I spy a tail, whose tail is it?（老师把藏起来的小猫尾巴露出一截给孩子观察）

T：Yes. It's a cat. Cat, cat, meow, meow, meow.（老师边说边做，孩子观察）

Follow me, cat, cat, meow, meow, meow.（老师边说边做，孩子跟着做）

Let's say cat and do as a cat does.（老师边说边做，孩子跟着边说边做，用同样的方式引出 elephant）

T：Wonderful. It's an elephant.

I spy an elephant.（做用望远镜寻找状）Max, Do as an elephant does.（老师说，学生做）

T：Do as an elephant does. Wonderful! Do as a cat does. Good job!

T：Nancy, do as a cat does.（老师说，学生做）

T：Good job!

T：Look! What am I ?（老师做，学生说）

Ss：Elephant.

T：Yes! It's an elephant.

T：Look at me ! What am I?（老师做，学生说）

Ss：Cat.

T：Yes! It is a cat.

了解 TPR 教学法运用在教学中的情况之后，我们来总结一下 TPR 教学法中的主要教学步骤，以及老师和孩子在这些具体步骤当中的具体表现：

Step 1：Teacher speaks and acts，children just listen and watch.

老师说出所教内容，并用动作将其表现出来。孩子只是听和看。

Step2：Teacher speaks，children act together with the teacher.

老师边说边做，带领孩子一起做。

Step3：Teacher and the children speak and act together.

老师边说边做，鼓励孩子一起说一起做。

Step4：Teacher speaks without acting，children act.

老师只说不做，要求孩子听一听，做一做。

Step5：Teacher acts without speaking，children speak.

老师只做不说，鼓励孩子边看边说。

(三)TPR 教学法在应用过程中应注意的几个问题

在使用 TPR 教学法的时候，为了更好地提升教学效果，在进行教学设计的时候还需考虑以下几个问题：

1. 教师使用 TPR 教学法的教学目标是什么？

TPR 教学法通过动作让幼儿理解语言，同时幼儿做出相应动作来表达自己，让语言进入右半脑并引起行为变化，从而使幼儿很快地理解语言代码。幼儿在 TPR 活动过程中理解目标语的基本结构及其表示的含义，为其语言的输出做好准备。

2. 教师和幼儿所扮演的角色分别是什么？

活动刚开始阶段教师是“演员”，通过肢体动作直观地表达语言内容，然后教师扮演“指挥”指导幼儿活动，幼儿只要模仿教师的动作即可。随着活动的进一步开展，幼儿就会“准备好要说话了”，这时候，教师则扮演“观众”的角色。而幼儿则与教师角色互换，从被动转变为主动，由开始扮演的“观众”到“演员”，再变成“指挥”的角色。教师角色变化：演员——指挥——观众。幼儿角色变化：观众——演员——指挥。

3. TPR 教学法的特色是什么？

我们将 TPR 教学法的五个步骤分解为三个阶段，分析每一个阶段的教学特色，以及每个阶段对儿童语言习得的作用。

第一阶段：听力理解阶段。教师以生动、简单明了的方式呈现教学内容，也可以借助一些手偶和图片来展示内容。幼儿在这个阶段通过观察老师的动作表情来理解语言，并尝试模仿。此阶段强调语言的输入，不要求幼儿说对说好，重在幼儿对语言的理解和模仿。

第二阶段：肢体反应阶段。教师一直重复说出所学内容，但这个阶段教师不再做动作，幼儿听指令根据所理解的意思通过做动作将其表达出来。此阶段仍然属于语言输入阶段，旨在检测幼儿对语言的理解程度，重在调动幼儿参与活动的积极性。

第三阶段：语言输出阶段。在这个阶段教师不说指令只做动作，幼儿通过对动作的理解尝试用目标语言表达出来。此阶段为语言的输出阶段，鼓励幼儿根据动作大胆说英语，旨在检测幼儿对所学内容的表达能力。

4. 幼儿与教师之间、孩子与孩子之间的互动情况如何？

教师与各组的幼儿互动，也与个别的幼儿互动。一开始师生互动的模式是教师说英语，幼儿以动作回应教师，到了第三阶段，幼儿渐渐开始说英语，换教师以动作回应。孩子们一起做动作时，可以通过互相观察来学习，孩子们能够说出英语之后，可以请个别幼儿来发英语指令，其他孩子予以回应。也可以分组的形式让一组孩子发出英语指令，另一组孩子做动作。

5. TPR 教学法中幼儿的感受如何？

TPR 教学法强调减少幼儿学习英语所产生的压力，其中的一个方式，就是让幼儿先做好准备，再开口说英语。另外，幼儿一开始说英语的时候，教师不应该过早关注幼儿的发音、马上纠正幼儿的错误，也要避免幼儿发音不对时，教师重复幼儿不对的发音。教师应坚持示范正确的发音，等到幼儿程度渐佳时，教师就可以开始纠正比较细微的错误。

二、沉浸式教学法（The Immersion Approach）

（一）沉浸式教学法简介

沉浸式教学法始于 20 世纪 60 年代的加拿大。沉浸式是指用外语或者第二语言作为教学语言，说得简单点，就是让孩子浸泡在第二语言环境中，像学母语一样学习外语。采用浸入式教学，英语作为教学语言始终贯穿于各个领域的活动之中，幼儿接触英语的机会大大增多。英语沉浸式教学注重创设和丰富语言环境，使幼儿每天有固定的时间段处于英语环境中，将英语生活情景贯穿于幼儿一日生活之中，把幼儿学英语变成自然无意识的、潜移默化的习得过程。

Lily 老师是国际双语幼儿园的一位中班英语带班老师，她每天都会在班上给孩子们播放英语歌曲歌谣，用英语来进行幼儿园所有五大领域的活动，并且在孩子入园到离园的一日生活当中都会使用一些简单的日常用语来和孩子们互动。比如在吃水果的时候，她会指着苹果对孩子说："Do you like apples?"画画的时候会问孩子们："Do you want yellow?"等等。用不了几次孩子就明白了，会跟着重复"yellow"。我们来看一看 Lily 老师在幼儿英语语言领域与科学领域相渗透的活动片段：

T：Hello，kids. Today，I have a story for you.
T：Look！This is a big garden. How many colors can you find in the garden？
Red，yellow，blue…
T：Yes，I have three colors here.（教师拿出红、黄、蓝三种颜料）
T：Look，I put red and yellow together. Wow，what color is it？It's orange！
T：Red and yellow makes orange！

我们从案例活动描述中发现，使用沉浸式教学首先对教师的要求很高，需要高水平的双语教师，教师需要完全掌握与幼儿园日常生活和学习相关的全部英语表达；其次，幼儿园必须有一个自然或模拟的英语环境。此外，双语的差异以及使用环境的不同对学习效果的影响也很大。

（二）沉浸式教学的应用问题

1. 既然该教学法对教师要求很高，教师又该如何运用这一教学法呢？

一方面，教师要提高英语水平，对英语能力进行专门的教研和培训。另一方面，幼儿园也可以在一定时间创设一个模拟的英语环境，让幼儿在一日生活中直接接触英语；同时将正式学到的英语知识运用到实际的生活和学习中。

2. 幼儿与教师之间互动、幼儿与幼儿之间的互动情况如何？

沉浸式教学法的师幼互动是在一种类似“母语习得”的环境下进行的。教师需要熟练地掌握英语的日常口语，并具有随时随地创造英语环境的意识。孩子在真实的环境中运用活的语言，能够带来更多的成功和愉快的情感体验。

3. 作为一线教师，如何创造沉浸式英语环境？

教师创造沉浸式英语环境可以分为三个阶段。

第一阶段：海量立体式输入阶段。英语学习必须基于海量输入，每天至少保证一个小时以上的输入量，而且要保证质量。输入的形式包括英语互动游戏渗透、日常活动渗透、英语歌曲歌谣渗透、绘本阅读渗透等方式。

第二阶段：情景对应初步输出阶段。一般从海量立体式输入阶段持续一个学期或一个学年以后，教师就会感到部分幼儿可以和教师进行简单的英语交流互动了。但是输出阶段出现的早晚因人而异，每个孩子是不一样的。

第三阶段：师幼全面英文互动阶段。孩子能够用英语交流是我们非常期待的英语启蒙效果，但好事多磨，这是英语启蒙的最高阶段，相信在老师们的不懈努力下，班上的孩子都会迎来属于自己的语言爆发期。

三、直接教学法(Direct Teaching Method)

(一)直接教学法简介

直接教学法的基本原理是“幼儿自然学语”论，是仿照幼儿自然学习母语的过程和方法来设计外语教学的基本过程和教学方法。事实上，直接教学法之所以叫做“直接教学法”，就是因为这种教学法主张以演示和教具直接传达意思，而不依赖学生的母语(Diller，1978)。

Leo老师和小班的孩子做英语活动，活动的主题是认识蔬菜，里面有corn，onion，potato等蔬菜。Leo老师拿来了这些蔬菜实物展示给孩子们看，在解释onion的时候，Leo老师一边说单词onion，一边假装做切洋葱的动作，还时不时地擦擦眼睛，直观地告诉孩子们onion这个词的意思。可见直观手段的有效运用是创设英语语言环境的关键。

(二)直接教学法应用过程中的注意事项

1. 要体现直接教学法的教与学过程的特色

教师在教学中要运用实物、图片、简笔画或肢体动作等来说明语义，而不翻译成中文，并充分调动幼儿看、听、闻、摸等多种感官参与活动。幼儿在活动中的具体感知与英语发音相结合，在语音和所表达的事物之间建立起直接联系，减少幼儿掌握抽象语言的困难。

2. 确定直接教学法的教学目标是什么

使用直接教学法的教师，主要是希望幼儿能够学会用外语沟通，培养外语思维能力和直接进行口头交际的能力。

3. 了解幼儿园常见的直观手段

(1)教师的肢体动作。教师可以用肢体语言组织课堂学习。如，需要安静(手指放在嘴唇上)，想要幼儿看(在眼睛上做个望远镜的姿势)，想要幼儿听(用手环状置于耳背)。教师的肢体动作和脸部表情也是直观的教具，如走、跑、跳，或表情，如快乐、悲伤、愤怒等。

(2)实物。在幼儿亲眼看到或亲手触摸到同词义相联系的某些物体时，他们能更好地理解和记住词义。因此，教师应多收集和利用日常用品创设环境。

(3)挂图和卡片。一方面挂图和卡片可以使幼儿理解一些不能带进教室的实物或实景，同时教师可以通过挂图和卡片进行各种有趣的活动如闪卡、猜卡、传卡、摸卡、指卡等活动。

(4)简笔画。对幼儿教师来说，会画简笔画是一项必备的技能。在英语教学的过程中简笔画也是非常重要和有效的，它经常可用来表示一个新词的意义。有很多东西是不能都带进教室里去的，而图画却能很清楚地表达其意义。

(5)动画课件、多媒体手段和网络资源。这些资源是幼儿理解英语语言和文化的最直接和有效的途径，能够为幼儿提供一定的学习情境。

四、情景教学法(Situation Teaching Method)

(一)情景教学法简介

情景教学法是教师利用生活中自然的情景或有意识地创设特定的情景，引导幼儿交往、交际，练习英语对话，提高口语水平的一种方法。该教学法要求教师在活动过程中充分利用相应的直观教具、动作表演、卡片、挂图、实物等，随时随地取材或根据活动内容创设语言环境，让幼儿置身于一个英语的环境中。在开始进行英语活动之前，教师需要使用一些与游戏活动有关的物品、动作、语言等方式来设计活动的情景，目的在于引导幼儿感受活动的氛围，引发幼儿参与英语活动的兴趣。

我们一起来看看 Helen 老师跟小班孩子玩的一个动物主题的英语游戏活动。游戏前 Helen 老师把教室布置成场景气氛浓厚的地方。这个游戏的活动场景是在一片森林里，所以 Helen 老师在活动前在墙上贴了一幅森林的图片(或者也可以展示森林场景的 PPT)，并在四周贴上各种动物的图片。还播放了一些跟动物相关的英文歌曲歌谣给幼儿听。

T：Look，There is a forest.（游戏情景导入）

T：I spy an ear. Whose ear is it?

Ss：Elephant.

T：You are right. It is an elephant. Elephant，elephant，elephant.（教师边说边做大象的动作）

T：I spy a mouth. Whose mouth is it?

Ss：Monkey.

T：Bingo. It's a monkey. Monkey，monkey，monkey.（教师边说边做猴子的动作）

教师模仿 cat/tiger/monkey/elephant 四种动物的动作和叫声，带领孩子们边说动物的名称边做动物的动作。

T：Cat，cat，meow，meow，meow! Monkey，monkey，ooh，ooh，ooh! Elephant，elephant，stomp，stomp，stomp! Tiger，tiger，roar，roar，roar!

教师扮演 Max，做用望远镜观察动作，并做出惊讶的表情，告诉孩子们动物们被魔法绑住了。

T：What's in the forest? I see some animals there. Oh，I see a /an monkey/cat/tiger/elephant.

T：Oh no! The animals are bound. Let's help them.

（二）运用情景教学法时的注意事项

1. 有效运用情景教学法

首先，教师应该创设生动的环境，并进行有趣逼真的示范表演。示范对话可以借助副班老师、玩具、手偶、图片等进行，也可以在教师和幼儿、幼儿与幼儿之间进行。其次，教师要把握日常生活的真实情景，多进行真实的对话和交流。

2. 发挥情境导入的作用

在这个环节中，教师需要发挥讲、演的能力，把幼儿迅速带入活动情境，融入活动角色中，为幼儿积极参与活动做好准备。

幼儿园英语教育活动的方法多种多样，除以上几种教学中主要应用的教学法之外，还有全语言教学法、任务型教学法、交际法、项目式教学法等。这些不同的方法互相联系，互相渗透，各有特点和优势，因此在具体实践中应综合加以运用。不同的教学法适合不同情境中不同的老师与孩子。教学法的运用是动态的、开放的过程，我们的一线教师可以对教学法进行恰当的选择和应用，尽可能去尝试不同的教学技巧，观察结果如何，进一步做调整，然后找出最适合自己、幼儿、教学条件与教学情境的教学方式。

第三节　当前幼儿英语教学模式与网络辅助教学

年轻一代被称为“数字原生代”（digital natives），伴着网络长大的一代，网络资源使英语学习更加便捷。R. M. Felder 和 E. R. Henriques 发表的一项研究讨论了外语学习者的不同学习方式。据研究发现，学习者分为视觉型和口头型两种。视觉学习者能理解和记忆更多直观展示的信息，如通过图片、图表、电影和演示。这些人约占 65%。口头学习者则更喜欢口头或书面的解释，而不是视觉信息。网络教学资源能最大限度地帮助学习者用不同学习方式吸收最新的信息资讯。①

思辨能力（CT）和英语交流被认为是 21 世纪的两项基本能力。为了使学生具备这些能力并应对全球竞争的挑战，随着信息技术与教育的深度融合，很多与学校课堂教学相关的网络教学平台也随之应运而生，众多的教学辅助工具实现了线上线下混合式教学的有机结合，“互联网+教育”理念的完美融合逐渐渗透到各种教学课堂之中。近年来，中国在线教育市场规模逐年增长，“互联网+”背景下的教育模式创新提出了智能化发展的方向。当前幼儿教学英语模式也朝着混合式教学和智能化教学的方向发展。

教育技术在日常生活中的运用将不断增长，未来的孩子将在现代教育技术丰富的环

---

① R. M. Felder & E. R. Henriques. Learning and Teaching Styles in Foreign and Second Language Education[J]. *Foreign Language Annals*, 1995(1).

境中学习、协作和知识建构，我们会看到互联网的多方位使用。现有的技术工具种类繁多，在未来的课堂上，适应变化、评估信息和处理各类资源、解决问题、创新思维的能力将是日常培养的技能。随着网络和移动软件的快速发展，教育技术化理念不断深入，尤其是人工智能等技术的广泛运用，自适应学习等在线教育已经成为现实。下面我们对在线教学和线下教学的利弊作个简单的对比，并给一线教师提供一些教学建议。

一、线上幼儿英语启蒙教育的优势

（一）模式新颖

一些英语学习在线平台和英语学习 App，其形式多样化，知识传输的过程生动有趣，且有着自主性、个性化、交互性等特点，受到幼儿学习者的青睐。在智能化的英语教学中，它鼓励幼儿体验、创造，将语言知识在头脑中重新组合，使幼儿成为动态角色，代替传统的知识听取、输出知识的静态角色，这也是智能化教育的独特优势。

（二）在线资源丰富

基于现代教育技术的各类线上英语学习平台和软件，其内容更加丰富化，家长和老师可以找到大量丰富的幼儿英语资源提供给孩子，比如英语的歌曲歌谣视频、英语原版动画片、英语学习平台网站等。幼儿之间可以进行线上互动，教师与幼儿的在线辅导也会增加，孩子们足不出户就可以访问各类英语教育平台，与老师视频沟通交流，展示他们的学习情况，并且可以通过录播视频进行观摩学习。很多资源相对落后地区的孩子也能够通过移动学习方式获取一线城市的教师辅导或外教资源。

（三）利用在线资源实现碎片化学习

家长能随时随地用这些软件给幼儿提供学习资源。市面上许多手机软件重构了英语课程体系，结合大数据，可以模拟真实的语言环境，培养幼儿自身的英语语感。由于英语学习软件有别于线下传统课程的优势，这类软件不断被社会接受，使用率也越来越高。现在已经有不少新的教育技术尝试将 AR 技术、AI 融合到英语软件的使用和学习当中，以全新的学习体验帮助幼儿学习英语，可以增强幼儿的视觉体验，激发幼儿的学习兴趣，从而达到帮助幼儿更好地学习英语的目的。

二、线上幼儿英语启蒙教育的弊端

（一）线上教学缺乏有效的师生互动

幼儿的学习有个关键点，那就是有效输入。要实现有效输入，一是可理解内容，二就是要互动。而有效输入的最佳捷径就是“你来我往式互动”。对于幼儿而言，线上互动远不如线下互动来得直接。因此年龄较小的孩子还是偏向线下学习，或线上线下混合式学习。总之，无论是选择线上还是线下，教师能与幼儿在教学期间进行直接互动，实现有效输入最为重要。

（二）教师对课堂教学的掌控度减弱

教师在面对屏幕讲课时无法得到幼儿的即时反馈，无法及时调整教学节奏。同时在线教学对教师的网络技术要求比较高。

（三）学习环境受限

对于启蒙阶段的孩子而言，自律性不强，很容易跟不上教学节奏，从而导致学习效果差。而且面对屏幕上课对幼儿来说眼睛容易疲劳。

三、线上教学提升建议

综上所述，若能克服在线教学的弊端，发挥在线教学自身的优势，在线教学效果会大大提高。选择线上还是线下进行幼儿英语启蒙，首先看孩子的适应情况，正常来说年龄越小的孩子越应该选择线下，因为线下保证了幼儿和老师的互动。有人说虽然我们家孩子年龄小，但我们选择线上一对一课程，互动情况也很好。这要看孩子具体的情况，还有线上英语教师的水平。作为一线教师，要适应在线教学应该在以下几个方面加以提升：

（一）加强对孩子学情的了解。做好线上教学情况摸底，教师可以提前通过语音或视频对个别学生进行了解，或者设计一些线上调查问卷了解学生的基本情况。根据幼儿年龄大小可选择与家长通过电话、微信等方式进行沟通，从而对教学对象有更充分的了解。

（二）加强备课。应加强课程的短、趣、快设计，尽量使课程和课堂生动、灵活、有趣。根据孩子的年龄特点，要设计出不同时长的课程和课堂活动，激发孩子的学习兴趣。

（三）线上活动结束后要及时了解幼儿对学习的重难点是否掌握，幼儿是否有缺课情况。另外，开展线上家长群语音作业答疑等，帮助孩子保持学习兴趣。教师也要进一步总结活动中出现的各种状况和问题，加强网络软件和技术的学习，提高教学的即时、同步、高频互动能力。

实训项目：幼儿园内幼儿英语教育理论研讨活动模拟（二）

请对比下面的两个教学片段，说说教师采用了哪些教学方法？体现了哪些幼儿英语教育原则？

教学片段 1：

T：What's this？（教师指着一张水果图片问孩子）

Lily：An apple.

T：Yes，very good. What's this？（教师指着另一张图片）

Ss：An orange.

T：Good job！Follow me，orange，orange，orange.（反复带幼儿读水果单词）

教学片段 2：

（1）apple

教师把已装有苹果的盒子或袋子神秘地拿到幼儿面前，激发幼儿的好奇心。

T：Look！What's this？

C：Box！

T：Yes. A box.

教师与幼儿一起边唱边做动作，以活跃课堂气氛。

What's in the box？What's in the box？

Do you know？Do you know？

Who wants to try？Let me try.

Ding-ding dong（敲盒子），let me try.

T：Ok，do you want to know？（引导幼儿说出 Yes 或 No）

T：Who wants to try？（做举手状，并引导幼儿说出 Let me try）

当幼儿拿出苹果后，教师用英语问 What's this？

C：Apple.

T：Yes. Apple！（教师要抑扬顿挫地反复输入）

（2）Orange

教师用餐纸把橘子包起来，然后做示范闻一闻，拿到幼儿面前给他们也闻一闻，并让他们猜猜是什么东西。

T：Hmm！（做闻的动作）The smell is good.

然后拿到幼儿面前：Smell it！

接着问幼儿：What's this？

C：Orange.

T：Yes，orange.（教师也要用抑扬顿挫的声调反复输入）

工作反馈与自评：

（每项内容的分值建议用 5 分制表示，5 分为满分，如有不足依次递减。）

项目	小组组员反馈	旁观同学反馈	自我评价
仪容仪态			
语言表达			
内容展示			
工作态度			
改进措施：			

（项目具体评测内容请参考附录四，表 1：台上展示汇报细则评测表）

知识链接三：

幼儿英语学什么？

案例导入：

妈妈带着4岁的优优来到了某幼儿英语教育机构参加试听课学习，课上教师一上来就是小对话，对话里的单词单独拿出来孩子们也不知道是什么意思。优优妈妈犹豫了，说："我家孩子英语零基础，英语启蒙不是应该从26个英文字母开始吗？字母和汉语拼音一样，是组成语言的基础啊！不用先学字母？单词？我们那个年代是从初中开始学的英语，那时候大家都是从读字母和音标开始，然后读背单词，再读背课文……现在的老师这么教，真的可以吗？"

问题聚焦：

这个案例中，家长的疑虑是：英语启蒙为什么不从字母学习开始？从这里可以看出，家长对幼儿英语学习的内容产生了质疑。

对这个问题我们可以以认识学前阶段幼儿英语教育的目标为出发点，了解学前阶段幼儿需要着重培养的英语技能，从而帮助教师和家长更充分地理解幼儿学习语言的规律，更科学地挑选适合幼儿学习的英语材料和资源。

因此，在这部分内容的学习过程中，请关注或思考以下问题：

1. 学前阶段幼儿英语教育的首要目标是什么？
2. 幼儿英语学习内容选择的原则应如何理解和应用？

第一节　幼儿英语教育的培养目标

20世纪八九十年代之后，我国幼儿英语教育得到了迅猛发展，"幼儿英语"作为分类概念逐步从"儿童英语"中独立出来，形成了一股热潮。各类幼儿英语教育实践活动取得了一定成效，让众多家长追捧的同时，也让一些家长对幼儿英语教育的内容、方式、效果等产生了一些疑惑。这些疑惑产生的原因之一，就是对幼儿英语教育目标的理解不清晰。国家虽然有针对义务教育阶段的英语课程标准，但是却没有学前英语课程标准，也没有统一的幼儿英语教育目标。

教育目标是教育活动的起点也是归宿。幼儿英语教育目标的定位直接影响到幼儿英语教育内容的选择、方法的选用以及效果评价，更让家长担心的是会影响到幼儿的身心发展。因此，幼儿英语教育目标的制定必须要以幼儿整体发展目标为基础。

一、幼儿英语教育总目标

根据幼儿教育总目标、幼儿身心发展的特点及幼儿的认知特点、语言形成与发展特点，结合实际调研和现有的研究结果，我们将幼儿英语教育总目标梳理为以下几个方面。

目标一：激发与培养幼儿学习英语的兴趣。

目标二：以听、说学习为主，帮助幼儿形成英语语音和语感。

目标三：引导幼儿在交往中恰当理解和运用英语的基本表达形式，培养幼儿的双语能力。

目标四：结合英语知识的学习，渗透品德、情感等方面的教育，使幼儿在英语活动中改善自我认知和自我评价标准，增强自信，从而促进幼儿社会性的发展。

目标五：使幼儿通过英语活动扩大视野，对中西文化的差异有初步的感知。

二、幼儿英语教育目标的制定

美国教育心理学家布鲁姆认为，教育目标即学生的学习结果，包括认知学习、情感学习和动作技能学习三大领域。在我国，根据学习者的学习内容，一些学者把学习分为知识学习、技能学习和社会规范学习三大方面。而根据教育工作的实际需要，部分学者认为学习应该包含知识学习、技能学习、策略学习和道德品质学习等。从学前儿童教育总目标出发，结合幼儿年龄特点、身心发展特点和幼儿语言形成与发展特点，一些学者将幼儿英语教育目标的价值取向定位为“英语启蒙教育”，涉及认知、技能、情感与文化等领域，具体表现为以下内容。

(一)情感目标——激发与培养幼儿英语学习的兴趣

这是幼儿英语教育的首要目标。兴趣是学习者内部学习动机最为活跃、最为核心的成分，是激发和培养学习者内部学习动机的基础。学习者在学习过程中获得的认可或内在的满足等积极的情感体验，会对其学习的稳定性起到很好的强化作用。因此，如果幼儿在英语学习过程中收获快乐或满足，他们就会对学习充满兴趣和好奇心，产生学习的渴望；反之，如果遭遇挫折或失败，缺乏不断变化、带有强烈新异性事物，如多样的教学内容、多变的教学形式等的刺激，他们的学习兴趣会很快消失，诱发学习倦怠甚至学习恐惧。幼儿英语教育活动中，教师应该着重培养幼儿对英语学习的兴趣，创造性地使用一些教学方法，增加学习内容的趣味性，营造多样的教学氛围，激发幼儿对英语学习的积极的心理准备状态，以主动学习者的身份参与到学习过程中，而不是被动地接收知识灌输。这对于强化幼儿的学习稳定性，提升学习效率和学习状态大有益处。

(二)技能目标——听说为主，交际为重

语言习得强调潜意识过程，要依赖于在纯正语言环境下的曝光度和有效输入。幼儿期的语言习得源于听说，幼儿只有经过一个酝酿阶段(即沉默期)以后才会输出语言。在这个语言沉默期内，外界的言语输入在幼儿头脑中逐渐积累，形成潜意识，然后唤醒大脑中的语言信息。幼儿期被众多学者认为是语音习得的关键期或敏感期，如果幼儿在这一时期得到足够的听觉刺激，不仅有利于其语言意识的培养，也将为其进一步的语言交流奠定良好基础。"听"是语言信息的积累过程，"说"是幼儿语言信息理解能力和语言信息加工水平的反映，也是幼儿应用语言的主要形式。在"自然表达"这一质变到来之前，为幼儿提供大量的言语输入机会，设定具体的量变目标，即幼儿理解语言能力的发展目标，既科学又重要(颜晓芳)。因此，注重对幼儿英语听说能力的培养，是衡量幼儿英语教育水平的一把重要的戒尺。

幼儿英语教育提倡"边学边用"，充足的应用是语言习得的重要基础。幼儿英语教育的最终目标是培养幼儿初步运用英语进行交际的能力。正常的语言交际都需要有明确的交际目的并在一定的情境中进行，教师在幼儿英语教育活动中，应努力创设接近生活的真实语言环境，鼓励幼儿在日常生活中大胆开口说英语、用英语。因此，强调以听说为主的幼儿英语语用能力，即交际能力的培养，是幼儿语言实践的基础，也是体现幼儿英语教育实效性的关键所在。

(三)认知目标——训练模仿能力，启蒙语音语感

语音是语言的声音系统，人类对语言的感知首先来源于语音。语感是人对言语活动的敏锐感知和迅速领悟能力，是对言语活动中包括语音、语调、语义、语法等的一种了解力。幼儿期是幼儿语言习得的关键期或敏感期，这主要体现在语音方面。国内外研究均表明，幼儿在语音习得方面比成年学习者的优势更明显。幼儿有着极强的模仿力，与成人相比，幼儿能更准确地模仿教师的发音，幼儿听到的语音与再现的语音基本一致。幼儿英语教育是启蒙教育，自然、规范的语音，将为有效的口语交际打下良好的基础。这个阶段的幼儿英语教学，不应该以英语语言知识，即幼儿能掌握的单词、句型的数量为目标，而应该以培养幼儿的英语语音、语感和交际能力为目标。

因此，在幼儿英语教育活动中，教师应为幼儿提供大量听音、反复模仿和实践的机会，养成良好的发音习惯；尽量摆脱单纯的单词教学，努力创设丰富的语境，鼓励幼儿多说、多用英语，为后续的英语学习打下良好的语音语感基础。

(四)深层次要求——品德、情感教育渗透，多元文化意识启蒙

全面发展教育总目标要求未来社会人才不仅应拥有丰富的知识及多方面的能力，而且还应具有良好的品德、情感及健全的人格、个性等。英语作为一门语言，通过对客观世界的描述，反映出人们对客观世界的态度与情感，积累了人类社会广泛的知识。“润物细无声”，幼儿在英语教育中，不只是接受英语知识的教育，也了解了异域文化和风俗习惯，受到思想品德与情感态度的熏陶，培养多元文化意识和开放兼容的性格，逐步形成幼儿积极的世界观、人生观和全球视野。

(五)可持续发展——实现英语教育幼小衔接

《幼儿园工作规程》和《幼儿园教育指导纲要(试行)》中明确要求“幼儿园和小学密切联系，相互配合，注意两个阶段教育的相互衔接”。在国际化的发展趋势中，英语无论是作为一门学习性学科，还是一种语言交流工具，已经对个人的生活、学习和就业产生了很大的影响。因此，从小打下坚实的英语学习基础对幼儿的个人发展非常重要，双语教育衔接也成为了幼儿语言发展过程中所面临的一个重要转折周期。

幼儿具有巨大的语言学习潜能，他们对语言有着极强的模仿能力和领悟能力，听觉敏锐，心理障碍小，较易培养正确的语音语调，并形成自动化的习惯。《幼儿园教育指导纲要(试行)》提出“发展幼儿语言的关键是创设一个能使他们想说、敢说、有机会说并能得到积极应答的环境”。幼儿英语教育注重激发和培养幼儿学习英语的兴趣，让幼儿在多元文化环境的浸润中，获得英语学习的行为体验、情感体验，适当了解异域文化和风土人情，让幼儿愉快地有所收获。可见，突出兴趣、情感、态度、个性等的价值取向的培养目标，为幼儿进入小学学习英语做好了心理准备。

幼儿园英语活动更多地渗透在幼儿生活和全部活动中。教师在一日活动中的各个环节随物即景地为幼儿接触和使用英语提供机会，以游戏的方式给幼儿创造乐学的环境，潜移默化，鼓励幼儿大胆表达，帮助幼儿加速掌握和运用英语。这种生活化、游戏化的英语教育活动，为幼儿进入小学学习英语做好了听说准备。

因此，幼儿英语教育使幼儿从幼儿园阶段开始就获得英语学习的行为体验和情感体验，促进其小学阶段英语学习行为的发展，为实现英语教育幼小衔接奠定了坚实基础。

总之，幼儿英语教育目标不仅包含技能目标和认知目标，即听说、交际能力培养和语音语感启蒙，还包含情感目标，即激发和培养幼儿学习英语的兴趣，同时还有更深层次的要求，即渗透品德、情感教育，启蒙多元文化意识，更为英语教育幼小衔接奠定了基础。情感目标是幼儿英语教育的首要目标，交际能力的培养是最终目标。

第二节　幼儿英语学习内容

幼儿期语言学习是一个自然高效的习得过程。《3—6 岁儿童学习与发展指南》指出：

“幼儿的语言能力是在交流和运用的过程中发展起来的。应为幼儿创设自由、宽松的语言交往环境，鼓励和支持幼儿与成人、同伴交流，让幼儿想说、敢说、喜欢说并能得到积极回应。为幼儿提供丰富、适宜的低幼读物，经常和幼儿一起看图书、讲故事，丰富其语言表达能力，培养阅读兴趣和良好的阅读习惯，进一步拓展学习经验。”因此，教师在选择幼儿英语教学内容时要根据幼儿英语教学的目标和儿童的认知水平、学习特点、年龄特征等因素，遵循幼儿的生活经验和认知规律。

一、幼儿英语学习内容的分类

总的来说，学界把幼儿英语教育的内容分为形式类内容和意义类内容。

(一)幼儿英语教育的形式类内容

幼儿英语教育从内容形式上可以分为语音、词汇、句型、语法、功能性交际五方面。

1. 语音意识的培养是幼儿英语教育的基本打开方式

幼儿英语语音意识培养是英语学习者终身学习的基础，也是幼儿英语启蒙的首要方式。语音是听力的基础，是语言的基本要素之一。心理语言学实验研究证明，幼儿母语还未发展完好，学习英语受母语干扰小；幼儿模仿能力强，耳朵能辨别语音、语调上的细微差别，口舌能准确地模仿各种声音，对语音的把握较为纯正；幼儿自我意识发展不成熟，学习第二语言心理负担小，不会因害羞或怕出错而不愿意开口说，这些都有利于幼儿学习英语。幼儿英语学习的优势在语音。幼儿语音学习的主要方式是在大量浸入式“泛听”的基础上进行模仿。通过这种“磨耳朵”的方式，在真实的语境中通过感知、模仿习得英语语音。不建议给幼儿讲授抽象、复杂的语音知识、读音规则和国际音标。

需要特别指出的是，近些年自然拼读成为幼儿、小学校外英语培训的热点。许多儿童英语教育机构追捧国外原版教材，直接把自然拼读作为主要的英语启蒙内容。这里，我们需要有一个清楚的认识，国外的原版教材把字母学习和自然拼读作为起点内容，那是因为英语是教材使用者的母语，他们在学习字母和自然拼读之前，已经有了大量的语音和语言的积累，这和我们教育对象的实际情况是不一样的，怎么能照搬？

幼儿阶段的语音意识培养应该是一个循序渐进的过程，过早地给学龄前儿童教授字母和拼读知识会使英语教学内容枯燥，教学方法的机械会剥夺孩子习得英语的兴趣，往往事倍功半，不利于孩子的后续英语学习。

2. 词汇是幼儿英语学习的基本素材

词汇是语言的基本材料，是语句的基本单位，也是语言的基本要素之一。幼儿掌握的词汇越多，语言运用能力就越强。因此，词汇是幼儿英语学习的重要内容，是幼儿英语教育活动的基本素材。词汇的选择应该考虑使用的频率、幼儿实际生活的需要，并反映时代的特点，突出直观性和形象性。但是需要注意的是，这里的词汇学习指的是词汇的表达与运用，而非词汇的认读与拼写。

3. 句型是幼儿英语表情达意的基本单位

句型是从无数句子中归纳出来的句子模式，是表情达意的基本单位，它构成了幼儿英语教育的重要内容之一。通过句型，幼儿把以前学过的单词进行组合、复习、再加工，从而应用到生活实践中。如："I like..." "This is..."等句型，已能体现英语的交际功能。

4. 语法是幼儿英语教育的隐性内容

幼儿掌握的语言结构简单，在教学时教师不应该专门讲授语法知识，而应该让幼儿在听说、游戏的过程中体会和领悟语法形式的表意功能。在幼儿英语当中可能出现的语法有名词(可数及不可数名词)、代词(人称代词和指示代词)、动词(与肢体相关的动词)、介词(表示方位)、数词(20以内的基数词、12以内的序数词)、形容词(关于描述方面)、时态(涉及现在进行时、一般现在时、一般过去时、一般将来时)、句子(陈述句、疑问句、祈使句)。

5. 交际功能是幼儿英语教育的综合性应用

功能性交际是通过发生在两人或多人之间的对话发生的，它是人与人之间的信息交流过程。通过功能性对话，幼儿不仅将所学的单词、句型和语法加以运用，还可以获得交流信息，提高交际能力。为了幼儿能接触和掌握在不同场合、为了不同的交际而使用不同的语言结构，教师应该创设真实的语言环境，如问候、告别、感谢、介绍、道歉、购物、参观等，一方面让幼儿习得国际交往礼仪、西方社会基本风俗习惯和行为模式；另一方面可以让幼儿在功能性交际中有文化交流意识，增加文化自信。

以上是幼儿英语教育的形式类内容，在这些内容中，语音是基础，词汇教学最终要与常用句型结合、组成句子，通过隐性的语法表意功能体现交际性综合应用。五大形式类教学需要有机地结合在一起，相互作用、层层递进。教师在选择教学内容的时候不能单独将任何一个部分割裂开来，而是在科学的教学设计中综合选择，有所侧重，以达到所期望的教学目标。

(二)幼儿英语教育的意义类(素材类)内容

人、自然和社会是幼儿英语教育意义类内容的三大范围。具体而言，幼儿英语教育的意义类内容应围绕幼儿自身，以幼儿的家庭、学校、社区及大自然等主题为核心。与幼儿自身相关的话题内容包括个人情况、身体健康、日常生活等；与学校(幼儿园)相关的内容包括幼儿园、数字、颜色、时间、玩具、文体活动等；与社区(家庭)相关的内容包括交通工具、场所、朋友、食品、电器等；与大自然相关的内容有季节、天气、动植物、水果等。

教师在选择教学内容的时候，一定要选择幼儿感兴趣的、能理解的、易学会的语言项目为载体，根据季节、天气、节日等具体情况调整自己的教学内容。

二、幼儿英语教育内容的选择与安排

(一)注重幼儿英语学习内容的趣味性

众所周知，幼儿阶段是学习英语的最佳时期，教师要利用多种丰富的现代化工具与手段，引导与启发幼儿学习英语。一方面，要精心设计、组织有效的课堂活动。抓住幼儿时期学生的好奇、求趣、求新的年龄特点，结合知识点的难易程度和学生实际，精心设计多种形式的活动，让幼儿在真实的情境中，把所学语言用于日常交际中，达到学用结合的目的。另一方面，设置动静结合的集体活动，只有幼儿尽可能参与集体活动，进行适量的语言实践，才能获得良好的效果。

有些孩子在集体中自信活泼、生龙活虎，容易受外在刺激影响；有的安静内敛、不轻易展示。这就要求教师，首先要设法让每一位学生参与到集体活动中，给不同的幼儿表现的机会，激发学习兴趣，克服自卑心理，让幼儿成为学习活动的主人。其次，平时应该让孩子耳濡目染，多接触、了解英语。英语中有很多经典有趣的儿歌，这些儿歌朗朗上口、简单易懂，富有韵律和节奏，能使幼儿形成对英语语音、语调的强烈感觉和刺激。由此，多听英文儿歌，适当收看动画片，多给孩子讲英语故事等，能给予幼儿多重感官刺激，为后续的英语学习做好铺垫。

(二)注重幼儿英语学习内容的实用性

虽然我们强调培养幼儿学习英语的兴趣，然而，我们并不提倡教师任由幼儿觉得什么好玩讲什么，什么有趣做什么，不考虑其实用性，过分迁就于幼儿的兴趣。这样容易导致幼儿学到的英语脱离日常，经常用不上，从长远的角度讲会让幼儿失去对英语学习的兴趣，结果适得其反。

学习的兴趣，不应该是单纯的好玩，而是当一个幼儿在学习驾驭某一物体或者语言的时候，他自然而然会对这种物体或语言产生强烈的好奇感和求知欲，这才是学习兴趣的体现。英语语言学习因其自身的特殊性而与其他学科的学习有本质上的不同，这就要求我们必须抓住语言的交际性这一特点，以语言交际作为学习的重点。在选择教育内容的时候，在尊重幼儿身心发展特点的基础上，把实用性作为出发点，对幼儿的英语运用能力，特别是口语能力进行培养，让幼儿在学习中充分体验到驾驭语言的快乐。与之相对应的，在评价幼儿英语的学习效果时，不以幼儿认识了多少字母，掌握了多少单词、句型作为单一标准，而是将幼儿对语言的理解能力以及积极主动运用语言进行交际的能力作为评价体。

（三）英语学习内容衔接的螺旋递进性

与幼儿母语的发展规律相似，幼儿英语语言的输出也经历由简至繁、由易到难的顺序。各年龄段的幼儿语言输入的要求和水平是不同的，小中大班的教育内容编排应该由浅入深、循序渐进，以免教育内容太难给孩子造成太大的心理负担和输出压力。教师应该在幼儿原有的经验基础上，考虑到内容选择的重复性，在每一个新的主题中，教学内容最好能覆盖前面单元的内容。这样既能将新旧知识相联系，使学习内容前后衔接连贯，既巩固原有的知识，又能自然导入新课内容。

除此之外，英语教育内容的选择可以配合中文主题活动。英语活动内容编排采用基于主题活动的话题形式，结合幼儿园的主题教育活动，可以为幼儿创造一个具体系统的主题教育环境，从而实现英语教学内容和幼儿园主题教育活动的内外呼应，使幼儿在原有经验的基础上，英语语言能力得到进一步提高。

实训项目：　幼儿园内幼儿英语教育理论研讨活动模拟（三）

1. 请你对市面上销售的幼儿英语教育资源（如教材、读物、幼儿英语学习平台或 App 等）进行调研，尝试归类，并结合实例分析这些资源内容设计是否符合幼儿英语教育的培养目标和幼儿英语学习内容的特点。

2. 新学期开学了，为了能让本学期的英语教育活动得到家长的配合，你需要组织一个家园沟通会，和家长讨论幼儿英语教育的问题。请你设计好会议流程，准备好 PPT，模拟组织一个幼儿英语家园沟通会。

工作反馈与自评：

（每项内容的分值建议用 5 分制表示，5 分为满分，如有不足依次递减。）

项目	小组组员反馈	旁观同学反馈	自我评价
仪容仪态			
语言表达			
内容展示			
工作态度			
改进措施：			

（项目具体评测内容请参考附录四，表 1：台上展示汇报细则评测表）

模块工作小结

经历了本模块知识的学习和工作任务的模拟演练，你有什么收获和感想呢？尝试写一写，然后和小伙伴们分享一下吧。

工作提升建议：

良好的工作理念、扎实的理论知识，会让你在工作中表现更专业，在实际工作中能传递更多的正能量给孩子，给家长，给更多需要的人。为了更好地提升工作能力，建议您继续从以下方面努力：

1. 加强自己的教育信念，了解党和国家的教育方针政策，遵守教育法律法规。

2. 积极进取，在工作中深入了解幼儿园教师的职业特点和专业要求，不断地与工作经验丰富的教师进行沟通和学习，不断进行反思和自我完善，自觉提高自身的科学与人文素养。

3. 善于与家庭和社区合作，提高沟通能力，获得共同促进幼儿发展的实践经历与体验。

警句共勉

对于儿童，做父母、做教师的责任，便是如何教导他们，使之成为健康活泼，有丰富知识，有政治觉悟和良好体现的现代中国儿童、现代中国人。

——中国教育家　陈鹤琴

模块二：

幼儿园一日活动英语渗透

内容介绍：

在这个模块中，将介绍幼儿英语教育的主要手段之一——幼儿园一日活动英语渗透的方式方法。请你在学习和完成实训任务的过程中，努力丰富知识、提高技能，尝试去理解和体验作为一名幼儿教师以身作则的重要性。

模块工作任务如下：

任务三：幼儿园生活英语日常渗透

任务四：英语儿歌在幼儿园一日活动中的渗透

任务五：如何在幼儿园五大领域活动中进行英语渗透

任务六：英语在幼儿园亲子活动中的渗透

任务三：

幼儿园生活英语日常渗透

任务介绍：

这个工作任务情境可贯穿幼儿园一日生活的各个环节。幼儿双语教师或幼儿英语教师的工作职责要求教师能在日常活动中积极使用英语，融入与情境相对应的日常英语口语，积极为幼儿创设良好的双语环境。

通过完成本项任务的学习与实训，你将了解幼儿园生活英语日常渗透的原则和方式，掌握幼儿园一日环节中的日常英语口语表达，能用简单的英语与幼儿在幼儿园进行日常交流，能有意识地引导幼儿尝试说英语、爱说英语、想说英语、会自然运用英语表达。

知识链接：

如何进行幼儿园一日活动英语渗透？

案例导入：

新老师王春是英语专业毕业的，英语口语很好。她带小班已经一个月了，她谨记职责，尽量和幼儿说英语，为他们创造全天的英语语言环境。她很喜欢这群萌萌的宝贝们，可是她发现这些宝贝们并不是很喜欢她，甚至害怕她。她觉得自己工作尽心尽力，对待小朋友也足够耐心，可是没有受到小朋友的喜欢，有点失落。

问题聚焦：

这个案例中，英语专业毕业的王老师英语口语很流利，可是对于新入园的幼儿来说，英语是陌生的。环境陌生，老师陌生，如果老师没有循序渐进地渗透英语，一开始就是全英语，不仅很难和幼儿沟通，而且可能还会使幼儿的入园焦虑加重。

因此，在这部分内容的学习过程中，请思考以下问题：

1. 幼儿园英语一日活动英语渗透该遵循哪些原则？

2. 教师与幼儿沟通使用的英语口语需要注意什么？用什么样的方式进行逐步渗透？

英语作为人际交往的符号，在幼儿眼里就如母语一样，通过特定的声音传递信息。作为声音模仿的特殊阶段，幼儿擅长通过观察环境、声音以及发声者的语气、表情和动作来理解声音的含义，并尝试在相同的环境下用同样的声音、语气、表情和动作来传达自己的想法。对于学习语言，最好的语言环境就是真实生活的环境：起床的时候说早安，吃饭的时候讨论食物，玩耍的时候说爱玩的游戏，睡觉的时候唱催眠曲。因此，好多人去某地生活几年甚至几个月，就能说一口地道的方言，就是因为那里有真实的语言环境。

在英语教学课堂上，教师不仅要花大量的精力在有限的空间创设各种与声音匹配的环境以便让学生理解，如视频、卡片、模具等，教师还需要根据相应的外部环境播放或说出相应的声音。即便如此，与真实的环境相比教学环境仍然是非常生硬，有时是难以理解的。

相对于小学到大学的课堂来说，幼儿园是一个学习新语言最具优势的地方。首先，幼儿处在习得语言的最佳年龄段。其次，不需要花太多精力创设与语言匹配的物理环境。幼儿园是一个集学校、家庭和社会功能于一体的地方。孩子们从早上七八点钟来园到下午五六点钟离园的这段时间里，在幼儿园吃饭、睡觉、上洗手间、画画、唱歌、玩耍，认识生活中常见的物品，学会与他人交往，学会更好地表达自己的需求和情感，还通过观察和模仿习得包括语言在内的其他的生活方式。在这真实的环境里，教师只要有意识地随时随地进行新的语言输入，孩子们将会无意识地学会这种语言。我们把这种事半功倍的语言教育方式称为“日常生活的语言渗透”。

一、幼儿日常英语渗透遵循的原则

（一）适宜性原则

在内容的选择上和目标设置上应充分考虑各年龄段幼儿的年龄特点、发展水平和需要。《幼儿园教育指导纲要》指出：幼儿园教育内容的选择要“既贴近幼儿的生活来选择幼儿感兴趣的事物和问题，又拓展幼儿的经验和视野”。因此，在一日生活中渗透英语教育的内容应该从幼儿的日常生活情景和经验出发，如幼儿在幼儿园日常生活中每个环节的表达，从小班到大班，可随着幼儿经验的增长日渐丰富。

（二）情境性原则

《3—6 岁儿童学习与发展指南》中强调：“理解幼儿的学习方式和学习特点。幼儿的学习是以直接经验为基础，在日常生活中进行的，要珍视生活的独特价值，创设丰富的教育情境，合理安排一日生活，最大限度地支持和满足幼儿通过直接感知、实际操作和亲身体验获取经验的需要。”幼儿日常英语渗透必须遵循《指南》中的要求，从交际的情景出发，与幼儿的实际生活紧密联系起来，寓教育于生活中，在具体的情境下，促进幼儿对语言的理解、表达和运用，自然习得英语。

（三）反复性原则

语言学习不是一蹴而就的事情，它需要长期的积累。在把英语教育融入幼儿园一日生活的实践中，教师应做到持之以恒，坚持在一日生活各情景中使用英语与幼儿交流，通过英语的反复运用，给幼儿更多倾听的机会，加深幼儿记忆，让幼儿熟练掌握日常口语。同时，也要创造宽松的氛围，通过各种奖励的方式鼓励幼儿多开口，在相同的情境中使用学过的单词和句子来表达。

（四）交互性原则

语言是交流工具，幼儿学习英语的最终目的在于学会使用英语，发展用英语进行交流的能力。幼儿日常英语渗透除了教师在幼儿一日生活中有目的、有计划地对幼儿输入英语外，还要充分发挥幼儿的主体地位，鼓励幼儿在理解的基础上主动输出英语，尝试用英语与教师或同伴进行交流和互动。

二、幼儿日常英语渗透中英语语言表达的选择

1. 根据各年龄班幼儿的特点，选择适合该年龄段的情境及相应语言的输入，并且不断在同一情境中不断地输入相同的语言，让幼儿在理解的前提下，在该特定的情境中尝试使用教师输入的语言，并能与教师或同伴进行交流。

2. 教师尽量找与情境相关的能用肢体语言形象表达的英语语言表达，这样不仅能使幼儿很好地在特定情境中理解语言的意义，同时能记忆深刻。

三、幼儿日常英语渗透的方式

(一)单一式日常英语渗透

教师根据各年龄段幼儿的特点选择适当的情境，在具体的情境中选择适当的日常英语语言对幼儿进行输入，该语言的选择应尽量简单易懂，教师可在该情境中加入与之相应的母语表达或肢体语言辅助幼儿对该日常英语语言的理解，并不断在同一情境中进行多次反复输入。以迎接入园、晨间活动和早餐环节为例：

生活环节	生活英语
迎接 Greeting	T：Good morning, babies. Welcome to our preschool! Ss：Good morning, Lily.
晨间活动 Morning activities	T：Is everyone here? Let's have a roll call. Let me see. Mary? Ss：Here. Present! T：Who is not here? Ss：Mark is not here.
早餐 Breakfast time	T：It's time for breakfast. Come on, wash your hands. Ss：Yes, Lily. T：Let's see what's for breakfast. Oh, we have milk and eggs for breakfast. Do you like them? Ss：I want milk and an egg. T：If you want some more, please raise your hand.

(二)复合式日常英语渗透

教师在幼儿已有的经验和知识积累的基础上，在适当的情境中结合相应的日常英语语言和与情境相关的幼儿已学过的儿歌或游戏等，对幼儿进行日常英语的渗透。复合式日常英语渗透不仅能在特定的情境中对幼儿的日常英语语言进行有效渗透，而且还能复习幼儿已学的英语儿歌和游戏，增加了日常英语渗透的趣味性和发散性。以用餐和午睡后的活动准备环节为例：

生活环节	生活英语	儿歌/游戏
用餐 Having meals	T：Babies, it's time for lunch. Are you hungry? Ss：Yeah, we are hungry. T：Soon we shall have lunch. Let's sing a song "I'm Hungry", and go to the table one by one, Ok? Ss：OK!	"I'm Hungry" I'm hungry, growl, growl, growl. I'm hungry, growl, growl, growl. I'm hungry, growl, growl, growl. I want to eat. Doggie's hungry, growl, growl, growl. Doggie's hungry, growl, growl, growl. Doggie's hungry, growl, growl, growl. He wants to eat. Croc's hungry, growl, growl, growl. Croc's hungry, growl, growl, growl. Croc's hungry, growl, growl, growl. I want to eat.
午睡后的 活动准备 After the nap	T：Boys and girls, do you want to toilet? S_1：I want to go pee-pee. T：Go ahead. Don't forget to wash your hands after you go to the toilet. T：Who wants to have some water? S_2：I do. T：OK. Come with me. T：Now, please bring your chair with you and sit by the table. T：Good afternoon, boys and girls! Ss：Good afternoon, Lily. T：Are you ready to have fun? Ss：Yes! T：Stand up, please. T：Let's play "Head, Shoulders, Knees and Toes".	教师通过"Head, Shoulders, Knees and Toes"这首儿歌的旋律玩快速反应的游戏，时慢时快，让刚起床的孩子伸伸胳膊伸伸腿，一起做伸展运动，为下午的活动做准备

实训项目：模拟组织幼儿园一日活动英语渗透

一、请模拟组织以下工作情境

情境 1：

情景描述：今天是新学期孩子们入园的第一天，可爱的孩子们在爸爸妈妈的陪伴下来到幼儿园，老师早早准备好美丽的微笑迎接孩子们。

> 日常情境：“Welcome to Our Preschool!”
>
> 活动意图：
>
> 1. 缓解孩子的入园焦虑；
> 2. 在入园这个情境中输入并重复相关的日常英语语言表达。
>
> 活动准备：教师的经验积累。
>
> 活动过程：教师在幼儿园门口迎接新学期入园的孩子并与他们打招呼，与孩子一起向送孩子入园的家长道别。
>
> 活动用语：
>
> T：Good morning，babies. Welcome to our preschool.
>
> S：Good morning，Nancy.
>
> T：How are you today?
>
> S：Fine.
>
> T：Well，say good-bye to your mom.
>
> S：Bye-bye mom.

技巧提示：

在这个情景中，主要是用简单的日常英语口语对幼儿进行常规的培养和给幼儿做语言的情景应用示范，那么在组织活动中可以注意以下方面：

1. 适当加入母语及肢体语言帮助幼儿理解相应的英语语言表达。
2. 鼓励幼儿在同一情境中模仿教师的英语语言表达。
3. 在同一情境中，鼓励幼儿主动与教师及同伴用英语进行交流。

情境 2：

情景描述：今天早操时间到了，但外面正下着雨，所以孩子们只能在教室里做早操。

日常情境：“Do Morning Exercises!”

活动意图：

在早操这个情境中输入并重复相关的日常英语语言表达。

2. 复习与排队相关的英文儿歌。

活动准备：教师的经验积累；选择恰当的与排队相关的英文儿歌。

活动过程：教师带领孩子们在教室做早操，孩子边唱已学过的排队的英文儿歌边自觉排好队，一起做早操。

活动用语：

T：It's raining outside. Let's do morning exercises in classroom.

T：Stand up and get ready.

Ss：Yes!

T：Well, let's line up one by one.

Ss：Yes, lily.

T：Very good! Let's get moving. Music, please!

“Line Up”

Line up, line up, one by one.

We'll do morning exercises.

No no running. No no pushing.

Lower my voice. Keeping moving.

技巧提示：

在这个情景中，主要是将简单的日常英语口语与相应的英文儿歌相结合，对孩子进行常规培养并给孩子做语言的情景应用示范，在组织活动中可以注意以下方面：

1. 适当加入母语及肢体语言帮助幼儿理解相应的英语语言表达。

2. 鼓励幼儿与教师一起边唱儿歌边排好队准备做早操。

二、在幼儿园一日生活中，选择一个情境根据小中大班幼儿的年龄特点写出相关的英语语言表达，并选择一个年龄段组织实施。

工作反馈与自评：

（每项内容的分值建议用5分制表示，5分为满分，如有不足依次递减。）

项目	小组组员反馈	旁观同学反馈	自我评价
教态			
语言			
活动效果			
工作态度			
不足与改进：			

（项目具体评测内容请参考附录四，表2：英语日常生活渗透评价表）

任务四：

英语儿歌在幼儿园一日活动中的渗透

任务介绍：

这个工作任务情境发生在幼儿园一日各个生活环节。儿歌作为幼儿最爱模仿的语言内容之一，是进行英语渗透的重要手段。在幼儿园一日活动中插入适当的英语儿歌，能将儿歌中的英语生活化，提高幼儿的英语应用能力，还能帮助教师迅速地整理班级秩序。

通过完成本项任务的学习与实训，你将了解英语儿歌的作用，积累一定量的一日生活英语儿歌，以帮助幼儿提升英语口语表达能力，进行简单的日常交流，并能在幼儿园日常生活活动中灵活运用英语儿歌。

知识链接：

如何将英语儿歌渗透在幼儿园的一日活动中？

案例导入：

英语专业毕业的王春老师带小班新生一个月了，她教小朋友们新学了一首英语儿歌“Good morning”。她发现小朋友们很喜欢唱这首儿歌，他们每次都用这首儿歌来做英语热身，开启英语学习活动。于是，王老师想学习更多的儿歌，并想把它们应用到更多的生活环节中。王老师上网搜集资料，发现英语儿歌种类繁多，她想：应该选择什么样的才好呢？

问题聚焦：

这个案例中，王老师注意观察和反思，发现了幼儿喜欢唱儿歌的特点，想把儿歌应用到更多环节。但是幼儿作为英语初学者，在儿歌的选择上需要兼顾幼儿的特点和语言输入的特点。

因此，在这部分内容的学习过程中，请思考以下问题：

1. 英语儿歌对幼儿英语启蒙学习的作用是什么？
2. 英语儿歌应该如何选择？

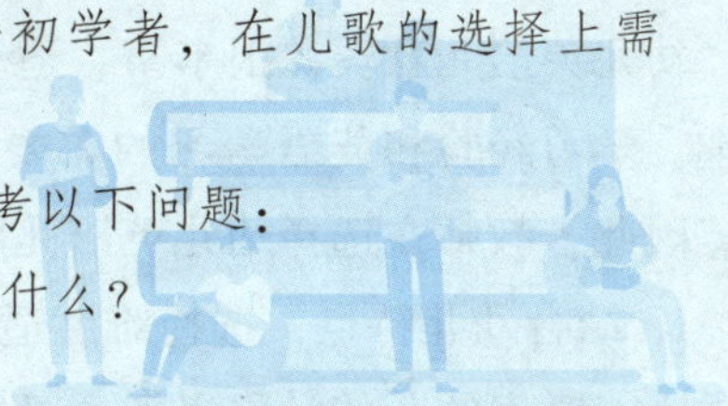

一、幼儿英语儿歌简介

从文体结构上，儿歌(Nursery Rhyme)包括以节奏为主的唱诵童谣(Chant)、以韵脚和谐为主的小诗(Rhyme)和配有简单音乐旋律和歌词的儿童歌曲(Song)。

幼儿英语儿歌语言简洁、节奏鲜明，而且句式具有重复性，非常适合幼儿听辨英语，练习发音，巩固和拓展单词和句型。儿歌内容丰富，幼儿可以通过儿歌在日常生活中接触到大量的信息，如数字、星期、颜色、形状等。

为了更好地把儿歌应用于幼儿英语日常生活，幼儿英语儿歌可以分为幼儿一日活动儿歌、手指歌谣、主题式儿歌、猜谜儿歌、儿歌数来宝等类型。

二、幼儿园一日活动英语儿歌参考曲目

(见附录三：(二)幼儿园一日活动英语儿歌参考曲目)

三、幼儿英语儿歌的作用

在幼儿英语启蒙阶段，日常多带领幼儿唱诵英语儿歌可以起到以下作用：(1)唱英语儿歌使幼儿产生强烈的幸福感。儿歌欢快鲜明的节奏、优美的旋律会让幼儿心情愉悦，唱起来会使他们“感觉很好”，对自己很满意。(2)唱英语儿歌给幼儿带来自信心。对于幼儿来说，刚开始接触英语是一件令人生畏的事情，幼儿期望自己能够立刻用英语交流，又因为说不出自己想要什么而感到沮丧。简单且朗朗上口、押韵的英语小儿歌让他们有机会感受到他们可以像大人一样说很多英语，而且说得很快，这种深深的满足感使他们信心增长。(3)唱英语儿歌可以激发幼儿的创造力。幼儿好奇心强，富有想象力。儿歌通过幼儿的声音、眼神、面部表情和肢体语言的创造性运用而变得生动起来。

四、幼儿英语儿歌的选择

幼儿英语儿歌资源很丰富，适合幼儿英语教学使用的儿歌很多，如果能结合幼儿的兴趣、学习经验和英语学习的需要，合理地挑选和使用，英语儿歌的作用会发挥得更好。因此，教师在选择幼儿英语儿歌的时候，不妨考虑以下几点：

1. 结合幼儿特点，选择难度适宜的英文儿歌，能与幼儿熟悉的主题和词汇相联系。这样既能激发幼儿的学习兴趣，又能促进幼儿对新知识内容的理解和掌握。

2. 教师选择的英语儿歌应语句简短，最好有句式的循环重复。

3. 儿歌最好能押韵，很容易听清，也不宜太快。朗朗上口的英语儿歌易引发幼儿愉快的情绪，会受到幼儿的喜爱。

4. 注重儿歌的趣味性。教师选择的儿歌要形象生动，富有动态和趣味性，这样可以结合幼儿的身体动作进行学习和理解。

如英语儿歌“Little Bee”的内容是：Little bee，little bee，round，round，round；Little bee，little bee，sound，sound，sound. Bzzz... 这首儿歌中就只有四个单词和一个拟声词，这些单词在有规律的重复中形成节奏，朗朗上口，配上手指游戏和活动，即使是小班的孩子也能轻松地掌握。

五、英语儿歌日常组织用语参考

Let's sing a song. 我们一起唱首歌吧。

Which song would you like to sing today? 你们今天想唱哪首歌？

Clap your hands along with the song. 跟着音乐拍手。

Let's sing the chant and do finger plays. 我们一起唱歌谣玩手指游戏吧。

Today, we are going to learn a new song. 今天我们要学一首新歌。

Kids, exercise with the music. Feel the rhythm. 孩子们，请跟着音乐练习。感受节奏。

Who wants to be the little teacher and sing the song for us? 谁想当小老师来给我们唱唱这首歌？

What about another song? 再唱一首歌好吗？

Listen to the piano and dance to the music. 听我弹琴，然后跟着音乐跳舞。

实训项目： 模拟组织英语儿歌在幼儿园一日活动中的渗透

一、请模拟组织以下案例

案例1：

情景描述：孩子们刚结束户外活动回到教室，教师组织孩子洗手、喝水、如厕，准备要吃午饭了。今天孩子们的动作很快，所有人都准备就绪了，安静休息了一会，午饭还没送到，孩子们有点等不住了。这时，主班老师带领孩子唱英语儿歌，边唱边玩边等。

儿歌名称："I'm Hungry"

活动意图：

缓解孩子等待的焦虑；

2. 用儿歌形式复习句子"I'm hungry."，并给幼儿做句子的实景运用示范。

活动准备：孩子们已经熟悉"I'm hungry"这首歌曲

活动过程：

T：It's time for lunch. Come on, have your seat, please.

Ss：Yes, Lily.

T：Wait a moment. How about we sing a song?

Ss：OK.

T&Ss：I'm hungry, growl, growl, growl. I'm hungry, growl, growl, growl.

I'm hungry, growl, growl, growl. I want to eat.

T：I'm hungry. Are you hungry? Let's see what's for lunch today.

技巧提示：在这个情景中，主要是用英语儿歌对孩子进行常规培养并给孩子做语言的情景应用示范，那么在组织活动中可以注意以下方面：

1. 挑选符合情景的儿歌，引起幼儿的共鸣，和幼儿共情。

2. 儿歌配上教师到位的动作表演会更好地吸引幼儿。

3. 儿歌唱完表演完了之后别忘了句子的示范呈现。

案例 2：

情景描述：在中班的主题活动"大树与小花"中，Lily 老师班上的孩子们结合自己的经验，谈到了大树有许多朋友，松鼠、啄木鸟、瓢虫、蜗牛，说得最多的是小鸟。于是作为活动的拓展，Lily 老师选择了一首关于小鸟的英文儿歌作为教学内容，让幼儿在活动中进一步感受英语学习的乐趣。

儿歌名称："Two Little Black Birds"

活动意图：

1. 主动而愉快地参与活动，并借助动作与同伴和老师交流。

2. 创设情境感知儿歌内容，初步理解 fly away/come back。

活动准备：两只黑鸟头饰

活动过程：

1. 开头部分：情景演示

T：Guess, what animal is it?（教师在背后藏图片，露出鸟的羽毛）

Ss：It's a bird.

T：Look, Here comes a bird. What color is the bird?

Ss：It's black.

T：Oh, yes. It's a black bird. Hello, I'm Jack.（教师扮演 Jack）I can fly, fly, fly. Fly away... Come back...（教师边说边做飞走躲起来和飞回来的动作）

T：Now, here comes another bird. Hello, I'm Jill.（教师扮演 Jack）I can fly, fly, fly. Fly away... Come back...（教师再一次做飞走躲起来和飞回来的动作）

2. 中间部分：儿歌互动

T：Kids, follow me. Let's play "two little black birds" together.

T：Are you ready?

Ss：Yes. I'm ready.

T&Ss：Two little black birds sitting on the hill,
One named Jack, One named Jill,
Fly away Jack, Fly away Jill,
Come back Jack, Come back Jill.

T：You did a good job!

3. 结束部分：情景表演。

T：Wonderful! Boys and girls, can you find a partner?

Ss：Yes.

T：Now，stand face to face. You are Jack and Jill now，Let's play again.

Ss：Ok.

T&Ss：Two little black birds sitting on the hill，

One named Jack，One named Jill，

Fly away Jack，Fly away Jill，

Come back Jack，Come back Jill.

T：Very good. Let's fly back to your seats.

技巧提示：

在这个情景中，教师主要针对孩子的中文学习内容或英文学习内容，利用英文儿歌对已有经验进行拓展，这时教师挑选的儿歌不一定是孩子熟悉的儿歌，而是针对孩子的学习内容进行英语巩固或拓展。因此，教师在组织活动的时候应注意以下几个方面：

1. 在介绍儿歌之前，先让幼儿理解关键词汇，想一些合适的动作来配合儿歌。
2. 创设与儿歌相应的情景，让幼儿身临其境进行儿歌表演。
3. 注重幼儿对儿歌的理解，运用多种方式如闪卡、手偶、动作等促进幼儿理解儿歌。

二、在幼儿园一日生活中，还有哪些环节可以运用儿歌来进行常规培养和维持秩序呢？请你试试描述一下情景，参考案例 1 并用合适的儿歌来组织一下吧。

三、回顾一下幼儿小班阶段英文常学习的内容，选一首英文儿歌和学习内容相结合，参考案例 2 组织一下活动吧。

工作反馈与自评：

（每项内容的分值建议用 5 分制表示，5 分为满分，如有不足依次递减。）

项目	小组组员反馈	旁观同学反馈	自我评价
教态			
语言			
活动效果			
工作态度			
不足与改进：			

（项目具体评测内容请参考附录四，表 2：英语日常生活渗透评价表）

任务五：

如何在幼儿园五大领域活动中进行英语渗透

任务介绍：

这个工作任务情境发生在幼儿园的五大领域活动过程中。五大领域集体活动作为幼儿园一日活动的重要组成部分，也是进行英语渗透的重要阵地。在这些领域的活动中有效地渗透英语，能够让幼儿在自然的状态下使用英语，促进幼儿中英双语能力的发展。

通过完成本项任务的学习与实训，你将积累常用的组织集体活动英语用语，积极探索五大领域活动中的英语渗透，并能灵活使用英语组织和引导幼儿开展五大领域活动。

知识链接：

如何将英语渗透在幼儿园五大领域活动中？

案例导入：

小李老师在日常生活环节中进行英语渗透，效果非常显著。她每次见到孩子都会习惯性地说一些英语，孩子们也渐渐地习惯了李老师用双语跟他们进行交流。今天，小李老师要组织公开课——科学领域活动“变颜色”。活动一开始，李老师就习惯性地跟孩子们用英语打招呼，活动过程中也用部分英语进行活动的组织，甚至在说到颜色时也渗透了英语。令听课老师吃惊的是整个过程孩子们没有任何不适，活动开展得很顺利。

问题聚焦：

小李老师是如何成功地在五大领域活动中进行英语渗透的？

在本节学习过程中，请思考以下问题：

1. 在幼儿园五大领域活动中进行英语渗透是可行的吗？
2. 如何在五大领域活动中进行英语渗透？

根据幼儿发展的目标，幼儿园按照幼儿学习活动的范畴相对划分为健康、社会、科学、语言、艺术等五个方面，这五大领域的活动是幼儿园普遍开展的常规活动类型。无论任何领域活动的开展都离不开语言的组织和引导，因此教师可以将英语在五大领域中进行渗透。

一、五大领域英语渗透的几个基本原则

1. 确保五大领域教学目标的重要地位。在领域教学目标基本达成的基础上，才能进行一定量的与领域相关的英语渗透，不能为了学习英语而放弃或减弱对领域目标的达成度。

2. 在汉语教育的基础上进行英语的渗透。在幼儿教育五大领域的英语渗透中，应保持汉语的积极作用，英语学习不能以牺牲汉语教育为代价。

3. 体现幼儿英语习得的整体性。一日生活环节的英语渗透是五大领域活动英语渗

透的基础，五大领域活动英语的渗透是其拓展和巩固。因此，要注意将各环节渗透的英语进行整合，并在不同的领域变通运用相关的英语。

二、五大领域英语渗透的方式

强调自然渗透。要根据活动过程的具体内容，幼儿的学习基础和教师的经验，适时地、自然而然地进行英语的渗透活动。不能强迫幼儿学习英语，不能生硬地植入英语，特别不建议为了体现英语特色，不顾孩子的语言水平，全程一句英语一句中文翻译式的教学。五大领域的英语渗透有几种方式可以借鉴：

（一）利用五大领域活动的直观性进行英语渗透

理解性语言的输入依赖直观环境的利用和创设。在五大领域活动中，为了达成相应目标，教师通常会准备相应的教具来辅助，这给英语的渗透提供了绝好的机会。比如语言活动中的绘本、科学活动的实物、社会活动的缩小版商店、家庭等。以下是一个幼儿园科学领域活动的英语渗透案例：

有趣的形状

一、活动目标

1. 能根据正方形、长方形、圆形、三角形、梯形、半圆形、椭圆形的特点，说出它们的名称。
2. 能说出生活中所见到的各种形状的物品。
3. 能用不同形状的七巧板拼出自己喜欢的物品。

二、活动准备

含有正方形、长方形、圆形、三角形、梯形、半圆形、椭圆形的七巧板若干套。

三、活动过程

1. 出示由不同颜色组成的七巧板飞机拼图，引导幼儿观察其中不同形状的板块。

（可根据出示的不同颜色和形状渗透英语：What do you see? It's a plane. What color is it? Red, blue, white, yellow, green, purple, pink. What shape is the red color?…）

2. 通过比较区分感知各种形状的特征。

（可根据出示的不同颜色和形状渗透英语：Red is Square. Yellow is rectangle. Square has four sides and four corners. They are all of equal length. Blue is a circle. It looks like a sun…）

3. 检验幼儿对各种形状的认识程度。

（1）教师说形状，幼儿说颜色。

（可根据出示不同形状渗透英语：Square. Rectangle. Circle…）

（2）老师说颜色，幼儿说形状。

（可根据出示的不同颜色渗透英语：White. Red. Purple…）

4. 经验迁移，寻找生活中的各种形状。
(可根据寻找的物品渗透英语：The window is square. The light is a circle. The door is a rectangle. The roof is a triangle. The mushroom is a semicircle...)
5. 拓展活动。
请幼儿用七巧板拼出自己喜欢的物品，并介绍是用什么形状拼成的。
(可根据幼儿的作品渗透英语：A red bird. A green TV. A pink door...)

以上案例中，教师利用活动内容的直观性，渗透相应的英语，以便幼儿理解。在教学环节上，教师精心设计情景，减少幼儿对英语理解的难度。在幼儿对形状感兴趣时，教师会启发和帮助他们一边识别，一边用英语表达和交流，在自然的状态中使用英语。这样的渗透适当使用母语辅助，孩子没有压力，顺利达成这个活动的科学领域目标，中英双语同时得到发展。此外，我们还可以利用多媒体创设情景，把语言与画面有机结合起来，刺激幼儿的感官功能，使幼儿眼、耳、口、脑并用，提高幼儿的英语运用能力。

(二)在五大领域活动中巩固专门英语活动的语言学习内容

有些幼儿园开设有专门的英语活动，如果组织五大领域活动的教师具备双语授课的能力，便可以在组织五大领域活动前了解本班幼儿英语活动的具体内容和学习进度，把幼儿学过的英语内容逐步添加到活动中，这样五大领域活动和英语活动便可以相互促进和发展。

在五大领域活动中逐步添加幼儿学过的英语语言内容不应仅限于名词，还包括活动组织用语和生活用语等。如下面活动片段的师生对话：

师：小朋友们早上好！
幼：老师早上好！
师：Good morning，kids.
幼：Good morning，Miss Ma.
师：小朋友们，今天 Miss Ma 要带大家学习一首关于动物的歌曲。是哪个动物呢？
幼：是恐龙/熊猫/猴子……吗？
师：都不是哦，小朋友们，小耳朵仔细听哦，猜猜看它是谁？
师：一个绿娃娃，跳水顶呱呱，冬天它睡觉，唱歌顶呱呱。
如果你知道它是谁，请把小手举起来哦。
幼：青蛙。

师：是的。是青蛙。你的回答正确，而且声音很响亮哦。

这时响起了青蛙的叫声，教师引导孩子仔细听，并从身后拿出青蛙的布偶，扮演青蛙的角色，跟幼儿打招呼，用英语对话。

师：(用青蛙的声音说)Hello，kids.(老师提示)小朋友们要说什么？

幼：Hello.

师：(青蛙语气)Who am I?

幼：Frog.

师：(青蛙语气)Yes. I am a frog. Good morning，kids.

幼：Good morning，frog.

师：What color is my clothes?

幼：Green.

师：Yes. You're right. And what color is your dress?（指着个别小朋友问）

幼：Yellow.

师：I am a frog. I can jump. Tony，can you jump?

幼：I can jump.

师：Everybody，stand up. Can you jump? Show me. Let's jump together.

教师带领幼儿做跳的动作，然后趁幼儿在跳得高兴的时候，把青蛙布偶放好。然后让幼儿停下，回到座位上坐好。

师：小朋友们，刚才的小青蛙呢？去哪儿了？

幼：走了/不见了/回家了……。

师：我也不知道小青蛙去哪里了。接下来我们来听一首歌。请小朋友们仔细听听小青蛙去哪儿了？

……

在这个活动片段的情景对话中，我们可以看到这位老师并不仅限用个别英文单词或句子套在活动中，而是自然地用幼儿学过的语言跟幼儿进行中英问候，并且在活动过程中，通过玩偶的角色转变，巧妙地把幼儿学过的动物单词“frog”，以及颜色的单词，还有动作单词“jump”等相关英语进行了复习巩固，并且自然地衔接到下面的歌曲学习环节。

(三)在五大领域活动中运用一日生活环节渗透英语

利用英语渗透的重复和交际原则，在五大领域活动中灵活运用一日生活环节渗透的内容，可以让幼儿在活动中运用在日常生活中习得的英语，发挥其交际的作用。下表中绝大部分的组织用语都是在日常生活中渗透的英语。

五大领域活动常用组织用语	
课堂开始	常用口语举例： 1. Hello, babies! 2. Good morning, everyone! 3. How are you? 4. Are you ready to have fun? 5. Stand up, please! 6. Sit down, please!
活动准备	1. Hold your hands and make a circle. 2. It's circle time now. Let's get moving. 3. Attention! 4. Eyes on me! 5. Every one, put your hands on your laps. 6. Let me see who is ready first.
活动过程	1. Let's play a game. 2. Who want's to try? 3. Follow me. 4. Close your eyes. Open your eyes. 5. Be quiet! 6. Raise your hands. 7. Listen, what's in side? 8. You are right. 9. Don't fight! 10. Lucy, come here, please!
鼓励和表扬	1. A nice try! 2. You did a good job. 3. Wonderful! 4. Well done! 5. Perfect! 6. What a surprise! 7. You make me happy. 8. Amazing! 9. Think it over and do it again! 10. I trust you.

五大领域活动常用组织用语	
课堂结束	1. It's time to say "goodbye" now. Goodbye! 2. Snack time! What's for snack? 3. OK. Time's up. 4. We had great time, didn't we? 5. It's time to have a short break. 6. Let's sing a "goodbye song". 7. See you next time. 8. Take your time.

(四)灵活运用五大领域活动专门用语

幼儿健康、社会、科学、语言、艺术五大领域活动都有自己的活动目标和活动特点，所以，在组织活动时的组织口语也有其特殊性。教师应该对相关领域的用语熟练把握和运用。

五大领域活动专门用语	
健康领域	1. It's time for outdoor activities. 户外活动时间到了。 2. Let's go to the playground. 我们去操场吧。 3. Let's do morning exercise. 我们做早锻炼吧。 4. Do it with strength. 用点力。 5. Stretch your arms and legs. 打开手臂和腿。 6. Please stand in line. 排队。 7. Line up, please. 排队。 8. Attention. 立正。 9. At ease. 稍息。 10. Keep your space. /Stay apart. 拉开距离。
社会领域	1. Don't litter. /No littering. /Put rubbish in a rubbish bin. 不乱扔垃圾。/把垃圾扔到垃圾桶里。 2. Don't walk on the grass. 不践踏草地。 3. Don't pick the flowers. 不采摘花朵。 4. Don't destroy the trees. 不摧残树木。 5. Don't talk when your mouth is full. 嘴巴里有食物的时候不讲话。 6. Offer a hug. 给人一个拥抱。 7. Cheer up a friend. 给朋友鼓励。 8. Help carry a load. 帮人分担。 9. Do a kind act every day. 每天做件好事。 10. Offer your seat. 让座。

五大领域活动专门用语	
科学领域	1. Name the color of the following items. 请说出下列物品的颜色。 2. What shape is it? 它是什么形状的? 3. How many corners/sides does a square/rectangle have? 一个正方形/长方形有多少角和边? 4. Can you make a square into two triangle? 你能把一个正方形分成两个三角形吗? 5. What differences are there between them? 它们之间有什么不一样的吗? 6. Please count these shapes following the demand. 请根据要求数出图形的数量。 7. Can you divide five into two and three? 你能将 5 分为 2 和 3 吗? 8. Can you find the numbers hiding in the picture? 你能找出藏在图画中的数字吗? 9. Please arrange... in a right order. 请按照规律给……排队。 10. Please put the same things together. 请把相同的东西放在一起。
语言领域	1. Who will answer the question? 谁来回答这个问题? 2. Do you like the story? 你喜欢那个故事吗? 3. Who wants to be...? 谁想扮演……? 4. What is the name of this story? 故事的名字是什么? 5. Can you tell us your idea? 能说说你的想法吗? 6. What is the story about? 故事里讲了一件什么事? 7. Who are in the story? Who do you like best? Why? 故事里有谁? 你最喜欢谁? 为什么? 8. Can you say anything with the words in the poem? 你能用诗歌里的话说说看吗? 9. Let's read the poem aloud with music. 让我们一起随音乐朗诵诗歌。 10. Please listen to others carefully. 请认真倾听别人的发言。
艺术领域	1. Color the flowers red. 把这些花涂成红色。 2. Mix the painting to get new colors. 混合颜料，制造出新的颜色。 3. Draw a picture of a fish on the paper. 在纸上画一条鱼。 4. Fold the paper in half. 把这张纸对折。 5. Glue the flower onto the box. 把这朵花粘贴在盒子上。 6. Dye the paper blue. 把纸染成蓝色。 7. Please try to keep the picture neat. 保持画面整洁。 8. Today, we are going learn a new song. 今天，我们将学习一首新歌。 9. Kids, exercise with the music. Feel the rhythm. 孩子们，请跟着音乐练习，感受节奏。 10. Listen to the piano and dance to the music. 听我弹钢琴，跟着音乐跳舞。

实训项目：设计幼儿园五大领域英语渗透方案

1. 请思考：根据以下安排，说说如何进行五大领域活动的英语渗透？

时间	星期一 Monday	星期二 Tuesday	星期三 Wednesday	星期四 Thursday	星期五 Friday
英语活动	Lesson Topic: Lesson 1 Revision: Morning Afternoon	Lesson Topic: Lesson 2 Revision: Jump. Run. Swim Wiggle New content: Don't run. Don't push.	Lesson Topic: Phonics Aa ant Bb bear Cc cat New content: Letter Phonic	Lesson Topic: Lesson 3 Revision: 1-10 New content: Happy birthday. Open your book, please. Close your book, please.	Lesson Topic: Lesson 4 An eraser A pencil A book A pencil case
	Conversations: How are you this morning? I'm fine, thank you. And you? What's your name? My name is Max.	Conversations: What can you do? I can run. I can jump. I can swim. I can wiggle. Go, go, Max!	Conversations: Revision: How are you this morning? What's your name? What can you do?	Conversations: How old are you? I'm 5. Revision: How are you this morning? What's your name? What can you do?	Conversation: What is in the bag? It's a pencil. It's an eraser. It's a book It's a pencil case.
五大领域活动	艺术领域《好朋友，行个礼》 目标： 理解歌曲内容，感受歌曲欢快的旋律； 乐于与同伴进行音乐游戏，体验与同伴交往的快乐	健康领域《跳房子》 目标： 发展跑、跳能力，锻炼腿部肌肉，提高平衡能力；理解游戏规则并有规则意识	语言领域《金色的房子》 目标： 理解故事内容，学习一些交朋友时常用的礼貌用语；体会分享的快乐，知道要与同伴友好相处的道理	社会领域《神奇宝物》 目标： 了解随意使用大人的物品可能会带来的危险，如使用大人的化妆品可能会导致皮肤过敏、使用剃须刀可能会被割伤等	科学领域《10以内的点数》 目标： 感知10以内物品的数量，能够用多种点数方法正确点数10以内物品的数量，并说出总数，做到不多数、不漏数

2. Vivian 大三了，她去进行顶岗实习的地方是一家双语亲子机构。实习快结束了，实习指导老师给她的任务是设计一个英语渗透式的五大领域方案。在指导老师的指导下，她完成了一个中英双语结合的艺术领域活动设计，并在实习总结会上进行了展示汇报，请你跟着 Vivian 的活动方案来模拟组织以下活动吧。

<table>
<tr><td>活动主题</td><td>浴球创意画</td><td>活动对象</td><td>2—4 岁幼儿</td></tr>
<tr><td>活动目标</td><td colspan="3">1. 通过洗手液的泡沫，进行触觉感知
2. 通过加入不同颜色，感受混色的变化，并观察浴球作画带来的不同的艺术效果
3. 用浴球洗澡巩固对身体的认知</td></tr>
<tr><td>活动准备</td><td colspan="3">水粉纸(剪成一个最大的圆)、黑色卡纸、红黄蓝颜料、浴球、大白纸(上面画有小动物和浴缸在洗澡的样子)、洗手液、托盘、水、KT 板(画成小动物的样子，上面贴上透明胶)、白板笔、纸巾、沐浴露毛巾肥皂(打印图片)</td></tr>
<tr><td rowspan="3">活动过程</td><td rowspan="2">热身部分</td><td colspan="2">1. 与幼儿打招呼问好，并进行上课温馨提示
T：Hello everyone. Welcome to our art class. I am your friend，Vivian. This is my friend ×××. Before class，I have some tips for you.
温馨提示：在上课之前 Vivian 有些提示要给到我们的家长：第一，请家长朋友们把手机调至静音或者震动的模式，如果没有特殊情况请家长们尽量不要走动或进出教室，以免分散宝贝的注意。第二，在课中请家长轻声引导并鼓励宝贝们自己去探索！</td></tr>
<tr><td colspan="2">2. 教师带领幼儿和家长唱常规欢迎歌
T：Welcome everyone，let's count how many babies are here? Show me one finger. Let's count… (互动数数) Welcome! Show me your two hands.
Let's sing "Hello" song together. (师幼互动) Now let's follow the music.</td></tr>
<tr><td>中间部分</td><td colspan="2">1. 情景导入
(1)引导幼儿进行自我介绍。
T：Please tell me your name. (引导宝贝进行自我介绍)
(2)情景铺垫
T：Today，we have a new friend. Guess! Who is it? (出示 KT 板互动) Yes，this is a cat. It is very dirty. 它们出去玩没有洗干净就回来了，我们一起帮它洗干净吧。(每个宝贝发纸巾，帮助小动物擦干净)
T：宝贝们晚上睡觉前要做什么呀？(幼儿回答：洗澡。)那你们洗澡会用到什么呢？(出示图片)今天给宝贝带了一个宝贝都没有用过的东西，它也可以拿来洗澡，会变出很多的泡泡。
2. 出示浴球，引导幼儿用浴球探索身体。
T：What's this? (出示浴球) This is bath ball. OK. Everyone，stand up. Turn around. Go to the mirror. Make a circle and sit down please.</td></tr>
</table>

续表

活动过程	中间部分	T：Now，everyone can get one bath ball. We can touch our body.（引导幼儿用浴球探索身体） T：浴球怎么样才可以变出泡泡呢？We need some shower gel.（出示沐浴液）Put some and water on the bath ball. We can rub it. Look！So many bubbles！（这可以很好地增加宝贝的触觉感知） T：Do you want to try？Now everyone can get one bath ball and some shower gel，water，and tray.（引导家长带孩子揉出泡泡。通过这个方式，巩固幼儿对身体部位的认知，以及感知浴球的触感） 3. 用浴球泡泡帮小动物洗澡 T：宝贝们都变出了泡泡。有两只小动物，它们正在洗澡呢，可它们没有泡泡，所以洗不干净，我们看看是谁呢？（出示大白纸互动）现在我们把泡泡涂到小动物的身上吧。（家长可以引导宝贝涂小动物的身体部位，增加宝贝对身体部位的认知） T：Thank you，everyone. 小动物现在洗干净了，它们要去睡觉了，我们和小动物说拜拜吧。Bye-bye，babies. 但是泡泡一下就不见了，Vivian 带宝贝们变出一个彩色、不会破的泡泡. Babies，stand up. Go back to our seats. 4. 浴球泡泡画 T：What color is the bubble？It' s white. 现在我们一起将泡泡变成彩色的。 T：So we need some paints.（出示颜料互动） T：Put some paints on the bath ball，and rub. Wow！Bubbles turns yellow，everyone can get some paints. Please choose the color. T：宝贝们，泡泡是什么形状的呀？ Ss：Circle！ T：Look，I have a piece of paper. What shape is it？Circle. 这是我们的泡泡。What color can you see？It's white. 我们要让泡泡变得更漂亮。 We need a ball and some paints. We hold the ball and dip some color and touch the paper.（锻炼宝贝们的抓握能力，同时感受不同的物品拓印出来的不同的艺术效果） T：Everyone can get one bath ball and tray，colors.（家长尽量引导宝贝自己来探索）宝贝们，现在泡泡都已经变出来了，我们将泡泡放到黑色的卡纸上吧，给我们的泡泡找一个住的地方。（分发黑色卡纸） Show & talk：宝贝们来展示一下自己的泡泡吧，告诉大家你们的泡泡上有什么不同的颜色。现在我们大家一起来和泡泡合影吧，记录这美好的时刻，Follow Vivian，take photo.
	结束部分	T：今天宝贝一起来帮助小动物洗澡，还变出了很多的泡泡，Vivian 给宝贝们带来了礼物。Now，show me your two hands，coin for you. It's time to say goodbye.

（以上案例由广西南宁市青秀区贝娜培训中心有限公司旗下的谷斯妈妈早教机构提供。案例设计：项丹丹（实习生），指导老师：李少萍）

3. 请自选一个五大领域活动方案，把英语渗透进活动中，并尝试模拟组织实施。

工作反馈与自评：

（每项内容的分值建议用5分制表示，5分为满分，如有不足依次递减。）

项目	小组组员反馈	旁观同学反馈	自我评价
教态			
语言			
活动效果			
工作态度			
不足与改进：			

（项目具体评测内容请参考附录四，表2：英语日常生活渗透评价表）

任务六：

英语在幼儿园亲子活动中的渗透

任务介绍：

亲子活动是由幼儿园创造一定的条件，以教师为主导，教师与家长共同组织幼儿活动的一种幼儿园教育方式。幼儿园每个学期都会开展若干次亲子活动。幼儿英语教育是一种渗透性的语言教育，不仅限于在幼儿园进行生活渗透，还应鼓励有条件的家长配合将英语渗透到幼儿的家庭生活和社会交往中。英语渗透式的幼儿园亲子活动能够让家长了解幼儿园英语教育的方式和幼儿在幼儿园英语学习的情况，打通教师与家长两方面教育资源，相互配合，共同促进幼儿中英双语以及各方面的全面发展。

通过完成本项任务的学习与实训，你将了解如何将英语渗透于园内综合亲子活动和节日英语亲子活动中，使家、园双方积极互动合作，最大限度地达成一致，形成最大的教育合力，从而为幼儿创造最佳的英语学习环境，促进幼儿更主动、可持续的发展。

知识链接：

如何将英语渗透在幼儿园亲子活动中？

案例导入：

端午节就要到了，悠悠妈妈从幼儿园老师那里领到了一个任务：带两个粽子参加中班的端午节亲子活动，而且这还是一个英语活动。悠悠妈妈纳闷了：这学英语和中国传统节日能扯上关系吗？而且在幼儿园学的英语就是一些简单的单词、句型，犯得着这样兴师动众搞这么多活动么？不让孩子背单词背句子，怎么还包起粽子了呢？

问题聚焦：

这个案例中，家长的疑虑是：是不是把幼儿学英语复杂化了？从这里可以看出，家长不了解幼儿园英语亲子活动的重要性。作为幼儿双语教师，我们要明确，幼儿英语活动是一种渗透性的语言教学活动，渗透于幼儿的家庭生活、学校活动和社会交往，亲子活动这种组织形式能够使教师与家长两方面教育资源得到充分的开发利用，为幼儿创造最佳的英语学习环境。

因此，在这部分的学习过程中，请思考以下问题：

1. 为什么要在幼儿园亲子活动当中进行英语渗透？
2. 怎样在幼儿园开展亲子英语活动？

一、将英语渗透在幼儿园亲子活动中的意义

幼儿园亲子活动(也叫幼儿园综合亲子活动)，是指将幼儿园的健康、艺术、语言、社会、科学五大领域教学活动综合起来，以教师为主导，教师与家长共同组织幼儿活动的教育方式。开展幼儿亲子活动，是幼儿园与家长实现资源共享、家园沟通的有效方式。幼儿学习语言的过程是一个在社会生活中不断积累、潜移默化的过程，幼儿的语言运用离不开现实的情境。由于幼儿英语学习在中国缺乏英语运用的现实环境，所以教师要努力创设环境。因此英语语言学习不仅要渗透在一日生活中、渗透在幼儿园五大领域教育活动当中，还需要渗透在幼儿园的亲子活动中。让父母参与这些园内综合活动，在丰富多彩的活动中扩展幼儿的经验，提供促进其英语语言发展的条件。在这种类型的亲

子活动中，教师把中、英两种语言结合起来，使得幼儿在各活动领域拓宽英语词汇和句型的学习，让幼儿在各领域活动中动嘴、动手、动脑，在玩中学，促进幼儿在各个领域进行整体的、有机的知识整合。

二、幼儿园亲子活动的类型

一般来说，幼儿园经常开展的亲子活动可分为以下七大类：

1. 亲子春游、秋游活动：此项活动意在让幼儿走出幼儿园，与父母一起到大自然中去，尽情享受大自然的美，体验欢快的情绪，增进亲子间的感情。

2. 亲子运动会：此项活动意在让家长与幼儿一起通过运动项目的竞赛，锻炼身体，增强体质。它同样也能增进亲子间的感情。

3. 亲子募捐，爱心义卖活动：此项活动意在让家长与幼儿萌发“关心帮助他人”的愿望，是很好的情感教育契机。

4. 亲子编讲故事大赛：以某一绘本为题材，亲子共同编讲故事，家长记录整理，并参与同年龄段评比。

5. 亲子秀：在幼儿园表演节目时，亲子共同表演节目。

6. 根据特色时令、节日开展的亲子活动：如“亲子包汤圆”“亲子包粽子”“亲子包饺子”等活动。

7. 根据教育内容而专门设计的教学亲子活动：它是专门设计的在教师的指导下，家长与孩子一起参加的亲子活动。在这类亲子活动中，教师将教育内容和要求融合在游戏活动中，向家长提供互相学习、交流的机会，促使家长提高教养素质和能力，也为孩子和家长提供共同游戏、共同成长的环境和氛围，增进亲子间的感情。

所有这些活动都可以根据幼儿的英语实际水平在活动某个环节中使用英语，如用英语玩游戏，贴中英文标签，中英文故事表演等。

三、幼儿园亲子活动英语渗透应遵循的原则

(一)把握好文化导向

以节日为主题的亲子活动是常见的亲子活动，无论是中国传统节日还是西方节日，教师在以传统节日为主题进行活动设计之前，应当科学臻选节日主题，以便将节日中的优秀元素发扬光大，对节日中存在的封建糟粕和不利于社会主义价值取向的内容加以杜绝。这是开展此项活动所必须坚持的原则和底线。

(二)根据幼儿的生活经验、年龄认知特点，以及英语语言发展水平安排亲子活动

节日亲子活动必须要根据幼儿的实际情况来开展。活动主题要以孩子的生活经验为

基础，比如广西地区的孩子可以安排“三月三”壮族歌圩活动。3—6 岁的幼儿接受能力不同、理解能力不同，因此在开展活动时，所设计的内容和目标也应该有所差异。亲子活动中的英语渗透主要是创造应用语言环境，渗透的英语应以运用已学的语言知识为主，适当可以加少量新的语言材料。

（三）整合社会资源，提升主题活动的教育主旨

通过借助社区资源，将让幼儿在参与主题活动的过程中获得更多和社会直接接触的契机，从而有利于其健康成长，并由此提升主题活动的教育主旨。同时，对于社区本身而言，通过与幼儿园之间开展合作，亦能够达到提升社区文化氛围的社会效果。

幼儿园还可以邀请社区中的外籍朋友、家长单位的外籍雇员参加节日亲子活动，搭建中外交流的文化桥梁。孩子能够听外籍朋友讲英语、说英语文化，同时，还可以给外籍朋友介绍中国的特色，引导孩子们在吸收西方文化精华的同时，传播中国优秀文化。

四、怎样开展幼儿英语亲子活动

幼儿园综合亲子活动的开展，既需要活动前教师的精心准备和预设，也需要活动中的互动和生成，更需要活动后的反思和评价。幼儿园综合亲子活动过程可大致分为以下三个步骤。

（一）活动准备

1. 设计活动方案

教师首先要设计出科学、合理的活动方案，为整个活动的开展做好统筹规划工作。活动方案具体应包括活动班级、活动人员、活动名称、活动时间、活动地点、活动目标、对幼儿的分析、对家长的分析、活动形式、活动准备、指导重点、指导难点、活动过程等方面。活动方案要根据幼儿的身心发展特点和家长的实际情况进行设计，保证能够激发幼儿的活动兴趣和家长的参与热情。活动方案属于教师的预设，因此教师一定要考虑周全，把握好影响综合亲子活动开展的各个方面，才能设计出全面、科学、操作性强的活动方案。活动方案设计出来之后，教师还应广泛征求同事、家长等方方面面的意见，再根据反馈不断调整修改，从而使方案的设计做到精益求精、严谨可行。

2. 进行家园沟通

综合亲子活动的开展离不开家长的参与配合，因此教师一定要在活动开展前做好家园沟通工作，赢得家长的信任和支持，为活动的开展提供前提条件。活动方案确定后，一定要充分而广泛地动员家长积极参与、配合活动的开展。教师可以通过召开家长会或发放通知的形式，向家长说明活动的目的、意义以及相关注意事项。教师还应对家长进

行一定的活动指导，让家长掌握一些引导孩子活动的具体方法，从而为活动的有效、有序开展奠定基础。

3. 布置活动环境

活动环境是活动开展的前提条件和重要平台，因此创设活动环境对于综合亲子活动的开展具有非常重要的作用。一方面，教师在为综合亲子活动的开展创设环境时，需要注意充分利用户外环境，既要保证综合亲子活动的效果，又要保证环境的安全性；另一方面，教师要注意物质环境和精神环境的同步创设。活动环境的创设不仅仅指活动材料、玩教具等物质条件的提供，还应为幼儿提供一种活动前的和谐、轻松、愉悦的心理环境。

(二)活动进行

1. 导入部分

活动导入的目的在于引起幼儿和家长的活动兴趣，做好活动的动员和铺垫工作，为后续活动的开展做好心理准备。常用的几种导入方式有教具导入、演示导入、悬念导入、作品导入、游戏导入、歌曲导入等。综合亲子活动的导入方式因活动内容和活动目标的不同，采取不同的导入类型。

2. 基本部分

基本部分的设计是整个活动过程的核心，它没有一成不变的模式。首先，教师在安排活动环节时，应根据幼儿的认知规律，设计出清晰的活动环节，使幼儿经历一个体验、享受的过程。其次，活动环节的安排应层次明晰、条理清楚、由浅入深，能帮助幼儿一步步达到预期的活动目标。再次，活动环节的安排应突出重点，有利于难点的解决。最后，尤其要重视每一个活动环节的自然衔接，将整个活动连接成一个流畅的整体。

在综合亲子活动中，教师不仅是活动材料的提供者、活动组织的引导者，还应是家长和幼儿的合作者。无论是对家长还是对幼儿，教师都应该多给予专业性的指导，可供选择的具体指导方法有直接性指导、个别性指导和点拨式指导。

在综合亲子活动的开展过程中，还应考虑活动资源的运用、活动环境的布置、活动时间的控制、活动人员的组织等一系列问题。总之，综合亲子活动的开展是一个复杂而综合的过程，需要教师不断学习和实践，才能提高活动开展能力。

(三)活动结束

1. 归纳总结

教师应引导幼儿和家长积极进行活动后的归纳总结，以便巩固活动中学来的知识经验和技巧方法。通过归纳总结，可以使整个活动更加完整、有效，并能使幼儿和家长的认识得到进一步提升。

2. 评价交流

活动结束后，教师应与幼儿及家长就活动中的表现进行评价交流，这样既能促进家园之间的互动沟通，又有利于幼儿的发展和家长育儿经验的提高，还有利于今后活动的开展。

3. 活动延伸

活动结束时，应给予幼儿和家长继续进行活动探索的空间，一个好的活动结束意味着又一个新活动的开始。教师可以通过活动延伸的方式，引导幼儿和家长在园外继续进行相关活动的探索，从而实现综合亲子活动的辐射作用。

实训项目：设计并模拟实施幼儿园亲子活动英语渗透方案

1. 请模拟组织以下情景活动。

情景描述：在小班的主题教学“我的身体”中，Lily 老师带领班上的孩子认识自己的五官和身体部位。孩子们对于五官的认知较为丰富，于是作为亲子活动的拓展，Lily 老师选择了一本关于五官的绘本《绿色大怪兽》作为教学内容，并延伸为亲子主题活动，让幼儿与家长在亲子活动中进一步感受英语学习的乐趣。

扫码观看亲子活动视频“The Big Green Monster”

<table>
<tr><td>活动名称</td><td colspan="2">The Big Green Monster</td><td>活动班级</td><td>小班</td></tr>
<tr><td>活动目标</td><td colspan="4">1. 能看图说出单词“eyes/ nose/ mouth/ ears/ hair”
2. 能理解绘本内容，并能用“This is ×××.”句型介绍五官
3. 能在活动中用肢体、英语回应教师的英语指令和提问</td></tr>
<tr><td rowspan="3">活动准备</td><td>语言准备</td><td colspan="3">能听懂和在教师提示下说出单词“eyes/ nose/ mouth/ ears/ hair”</td></tr>
<tr><td>经验准备</td><td colspan="3">参与过手工粘贴活动</td></tr>
<tr><td>物质准备</td><td colspan="3">绿色大怪兽卡、绘本、沙蛋、手工材料</td></tr>
<tr><td rowspan="2">活动内容</td><td>重点</td><td colspan="3">能理解绘本内容，并能用“This is ×××.”句型介绍五官</td></tr>
<tr><td>难点</td><td colspan="3">能用“This is ×××.”句型介绍五官</td></tr>
<tr><td>活动过程</td><td>热身</td><td colspan="3">1. Greeting
2. Dance with eggs(沙蛋律动)
(1)教师拿出沙蛋道具
T：Shhhhh. Look! What is it?
Ss&Ps：Eggs!</td></tr>
</table>

续表

活动过程	热身	T：Yes！Eggs，eggs，eggs. You can touch it. (2)教师一边说一边分发沙蛋 Ss&Ps：Eggs，eggs，eggs. T：It's a blue egg. So many eggs are here，here you are. (3)教师带领幼儿做律动 T：Now，Let's shake the eggs. Shake，shake，shake. Hide！One，two，three. Show me your eggs！Let's say hello to your face/ eyes/ mouth/ nose/ hair！Let's say hello to your parent's face/ eyes/ mouth/ nose/ hair.（共两遍，第一遍先用沙蛋触碰自己的五官，第二遍与父母进行互动）
	呈现	绘本讲述及互动 (1)故事导入 T：I invite a friend to play with us. Guess，Who is it?（教师将绿色大怪兽藏在身后，只露出一点部分） Ss：Rabbit. Ss&Ps：A monster！ T：Yes！Next，I will tell you a story about a big green monster. (2)绘声绘色讲绘本 绘本内容： Big green monster has 2 big yellow eyes，a long blueish-greenish nose，a big red mouth with sharp white teeth，two little squiggly ears，scraggly purple hair and a big scary green face. Oh，you don't scare me！So，go away，scraggly purple hair！Go away，two little squiggly ears！Go away，long blueish-greenish nose！Go away，big green face. Go away，big red mouth. Go away，sharp white teeth. Go away，two big yellow eyes. Go away，big green monster. And don't come back until I say so. （注意：教师在讲述绘本时，要注意与幼儿和父母的互动，如每说到一个五官，就要求幼儿与父母一起碰一碰自己的五官） T：Wow，The monster is coming back. T：Are you scared?（教师给予幼儿鼓励） Ss：Yes. T：Don't be afraid. Come on and touch it. T：What is this? / What are these?（教师尝试让幼儿复述五官的单词并尝试说出简单的句子） Ss：This is the monster's nose/These are the monster's eyes.（教师带领幼儿说出完整的句子）

续表

	听说活动	1. Game：Make a monster's face 玩法：听教师指令，在空白的圆形脸图上贴五官。 T：Oh! There is a big face for you. I say you stick. Are you ready? Ss&Ps：I'm ready! T：Please stick the monster's nose/eyes/ears/mouth/hair.（事先打印出绿色大怪兽的各个五官，准备圆形绿色卡纸、胶水，让幼儿在父母的帮助下制作绿色大怪兽）（也可以准备不同的脸型和五官让幼儿自选，设计自己的怪兽脸）   2. Show your monster's face T：You did a great job! T：Now, please show the monster's with your mommy.（教师请幼儿和父母上台展示自己的作品并尝试介绍） Ss&Ps：OK. T：What is this? What are these?（教师注意引导幼儿用完整的句子回答） T&S：This is the monster's nose/mouth/hair. These are the monster's eyes/ears. T：Very good!
	总结与延伸	活动留影 T：Let's take a photo with your monster and your mommy. Come here please. T&Ss：One two three, cheers! T：Monsters are here! Are you scared? T&Ss：No! T：You're so brave! If you're scared, what can you say? T&Ss：Go away monster!

技巧提示：在此亲子活动中，意在让幼儿与家长共同完成一节亲子课，不仅让家长能够了解幼儿一日学习情况，也能让家长了解幼儿阶段性学习成果。在组织活动中可以

注意以下方面：

（1）教师安排活动环节应突出重点，尤其要重视每一个活动环节的自然衔接。

（2）教师应灵活运用多种形式的活动方法，要充分考虑幼儿的主体性，体现出“以幼儿为本”的教育理念，同时也要注重家长的参与感。

（3）教师应当精心设计提问，从而帮助幼儿思考，并推进活动的开展。教师可通过追问、概括归纳等方式，培养幼儿的思维能力，发展幼儿的语言能力。

设计评析：本次亲子主题活动的重点在于对幼儿阶段性学习成果的展示，让家长一同融入日常英语活动教学中，在实际活动中观察幼儿的学习成果。同时，家长可以在活动中学习日常如何与幼儿增加亲子间的有效互动。这样不仅有助于亲子关系的培养，也对家庭教育有一定的启发。

2. 请你试试自选一个节日（中西方主要节日都可以）在幼儿园开展节日主题亲子活动，设计一个主题亲子活动方案。

工作反馈与自评：

（每项内容的分值建议用 5 分制表示，5 分为满分，如有不足依次递减。）

项目	小组组员反馈	旁观同学反馈	自我评价
教态			
语言			
活动效果			
工作态度			
不足与改进：			

（项目具体评测内容请参考附录四，表 2：英语日常生活渗透评价表）

模块工作小结

经历了本模块知识的学习和工作任务的模拟演练，你有什么收获和感想呢？尝试写一写，然后和小伙伴们分享一下吧。

工作提升建议：

幼儿园是孩子学习语言、练习语言的最好场所。在这个最好的场所中，一日生活环节周而复始，教师在这些固定的情境中反复输入相关的英语语言，幼儿能很快将这些语言和情境中的人、事、物进行关联，并能较快地把语言运用在同一情境中，这就是幼儿英语在日常情境中渗透的魅力。

为了更好地提升工作能力，建议您继续从以下方面努力：

1. 注重提高自身中国传统文化素养，树立中国文化自信，有中华优秀文化传承与传播意识。这样才能在实际的教育活动中通过中西方文化对比，提高幼儿对中国传统文化的认同和自信，引导幼儿尊重传统、继承传统、弘扬传统、树立文化自信。

2. 结合相关课程学习，观摩幼儿的生活和教育活动的组织与指导，了解幼儿园教育的规范与过程，感受不同的教育风格，特别是有英语渗透的教学风格。在尊重幼儿能力发展的基础上，敢于创新，敢于实践，引导幼儿在五大领域活动中习得英语。

3. 在日常学习和实践过程中积累所学所思所想，形成问题意识和解决问题的能力。

4. 平时注重文明礼仪修养和行为规范，有良好的作息、饮食、卫生习惯，从而在日常教育生活中，能以身作则，更好地去引导幼儿。

警句共勉

教育属于生活，教育为了生活，而且教育要依靠并借助于生活。

——美国教育家　克伯屈

进　阶　篇

模块三：

幼儿英语教育活动设计与实施

内容介绍：

科学的教育活动设计，既是体现教育目的性、计划性和针对性的要素，又是确保教学效果、提高教学质量的保证。在这个模块中将介绍如何掌握和提高幼儿英语教育活动设计与组织能力，以及幼儿园常见各类型英语活动的设计与组织技巧。请你在学习和完成实训任务的过程中，努力丰富知识和提高技能的同时，尝试去理解和体验作为一名教师终身学习、教学相长的重要性。

模块工作任务如下：

任务七：幼儿英语教育活动方案设计

任务八：幼儿英语教育活动步骤设计与组织

任务九：幼儿英语游戏活动设计与组织

任务十：幼儿英语儿歌活动设计与组织

任务十一：幼儿英语故事活动组织与实施

任务十二：幼儿英语主题教育活动设计与组织

任务十三：幼儿英语教育活动效果观察与记录

任务七：

幼儿英语教育活动方案设计

任务介绍：

幼儿英语教育活动开展要想达到语言学习的目的，实现教学目标，需要教师对活动内容的充分理解和把握，运用科学的教学理念、适当的教学方法，开发自身的创新能力设计出行之有效的教育活动方案。作为一名幼儿英语教师，研究和掌握英语教育活动设计，是实施幼儿英语教学必不可少的基本技能。

通过完成本项任务的学习与实训，你将了解幼儿英语教育活动方案设计的基本原则，懂得如何做好幼儿英语教育活动方案设计前的准备工作和如何编写幼儿英语教育活动设计方案。

知识链接：

如何设计和编写幼儿英语教育活动方案?

案例导入：

Linda 老师经过一段时间的学习，已经对幼儿英语教师的岗位工作任务、要求和幼儿英语教育活动的方式方法等理论有了一定的了解。在工作中，Linda 老师也慢慢学会了如何与幼儿在日常进行英语的有效沟通，做好日常的英语渗透活动。随着能力的提升，Linda 老师的工作任务也逐步提升，需要负责班上专门的英语教育活动设计与实施。Linda 老师查阅了很多幼儿英语教育活动方案，却发现英语活动方案五花八门，不知道该怎么写才算一份好的幼儿英语教育活动方案。

问题聚焦：

幼儿英语教育活动方案是在教学理论的指导下进行的。在这个工作情景中，Linda 老师虽然对幼儿英语教育的方式方法有了一定的了解，但是还需要了解教育活动设计中的一些常用模式，以及基本要素。

因此，在这部分的学习过程中，请思考以下问题：

1. 幼儿英语教育活动方案设计的基本原则有哪些?
2. 幼儿英语教育活动方案设计的基本要素有哪些?
3. 幼儿英语教育活动目标如何设定?

一、幼儿英语教育活动方案设计的基本原则

幼儿英语教育活动要想取得实效，掌握幼儿英语教育活动设计方案制定的基本原则至关重要。这是教师设计与制定幼儿英语教育活动必须遵循的基本准则和基本要求。教师能否在幼儿英语教育活动中科学地遵循与运用这一原则，是使幼儿英语教育活动形成科学的、合理的机制并有效运转的关键。幼儿英语教育活动设计方案制定的原则主要有以下几点：

(一)幼儿英语教育活动经验的连续性、发展性原则

幼儿语言发展有着不同的阶段，并需要遵循一定的顺序而实现。幼儿学习英语也是

一样的。在设计幼儿英语教育活动时，教师首先要根据“最近发展区”理念，了解儿童已有的英语语言经验。这一经验表明了当前幼儿英语语言发展的实际水平，是设计幼儿英语教育活动的根本。同时，要考虑幼儿英语语言能力的新发展，依从幼儿英语语言发展的顺序性，为幼儿提供新的语言经验，从而让幼儿获得英语语言能力的进一步发展。只有以幼儿语言经验为英语教育活动设计的基本出发点，才能保证设计的英语教育活动是符合幼儿英语语言发展需要的，进而才能真正地促进幼儿英语语言的发展。

(二)幼儿英语教育活动中主客体交互作用原则

幼儿作为英语教育活动中的主体，具有参与活动的主动性和积极性；丰富的英语语言教育内容和多样的教育方式作为客体，从客观上能引起幼儿学习英语的兴趣，激发幼儿对英语语言的情感，推动幼儿主动参与到教育活动中，在主客体双方持续的交互作用下，实现幼儿英语语言的有效发展。

幼儿具有多种语言发展的先天潜能，对周围环境中的语言刺激尤为敏感，同时具有主动学习和运用语言进行表达的需要和愿望。在这一有利的前提下，为了激发幼儿在英语教育活动中的主动性和积极性，要求教师一定要以激发幼儿的听说兴趣，培养幼儿的正确表达为目的来设计每次英语教育活动的内容和方式。

(三)幼儿英语教育活动相互渗透性原则

语言是一种符号系统，英语教育活动主要是语言符号系统的活动，是以语言教育为主要目的而组织的教育活动。然而，幼儿的认识过程具有直观形象性，英语教育活动中直观手段的有效运用是创设英语语言环境的关键。幼儿对直观手段有着特殊的敏感，是幼儿特别感兴趣的学习手段之一。因此，在设计幼儿英语教育活动时，教师提供的英语语言信息材料是幼儿吸收的主要途径，但同时也必须辅助一些与英语语言有关的其他符号系统，如将美术符号、音乐符号甚至肢体动作符号等融合在英语教育活动中。这种多种符号系统自然地、有机地融合，共同参与的活动，实际上就是相互渗透。

在设计幼儿英语教育活动时，教师根据英语教育活动的内容，引入具体形象的符号系统作为辅助学习的工具，如实物、挂图、卡片、简笔画、肢体动作、多媒体手段等，更有利于激发幼儿学习和掌握新的英语语言信息的主动性、积极性，能更有效地帮助他们理解与获得英语语言内容，从而促进幼儿英语语言能力的提高。

(四)活动内容和活动方式相互适应性原则

幼儿英语教育活动的内容具有多样性，而教育活动的方式具有多变性，二者的关系密不可分。在英语教育活动中，不同的活动内容可以选择同一种活动方式，相同的活动内容也可以选择不同的活动方式。比如故事、儿歌、情景会话等，都可以采用表演的活动方式。又如绘本故事讲述，教师可以逐幅展示图片，也可以按内容段落分批展示图片，还可以一次展示出所有图片，来组织幼儿观察思考、局部讲述乃至连贯讲述。

因此，教师在设计幼儿英语教育活动时，充分考虑活动内容和活动方式的相互适应性，结合幼儿的实际特点，就能充分发挥自己的创造性，使教育活动既适合幼儿特点，又符合教育要求。

二、幼儿英语教育活动方案设计前的准备工作

为了更有效地进行幼儿英语教育活动设计，教师必须先做好以下几个方面的工作。

(一)选择内容

语言教育活动内容是实现教育目标的手段，是将目标转化为儿童发展的桥梁，也是教育活动设计和实施的主要依托。将语言教育内容具体化，就是活动内容。

幼儿园英语教育活动内容的选择应该注意：

1. 选择的活动内容应符合教育目标的要求：能激发幼儿英语学习兴趣，帮助幼儿养成正确的英语语言习惯，培养幼儿的英语交际能力，促进幼儿全面发展。

2. 选择的活动内容应符合幼儿已有的经验：符合幼儿的年龄特征、能力和需要，与幼儿已有的生活和学习经验有一定联系。

3. 选择的活动内容应以幼儿的实际情况为基本出发点，遵循“最近发展区”的原则，活动内容不超出幼儿的最近发展区范畴。

(二)钻研内容

合理选择教育活动内容后，教师就要对所要设计的教育活动内容进行钻研。在这一过程中要做到：

1. 熟知教育活动内容中的语言知识及相关知识

教师在实施英语教育活动前，务必要熟悉和把握所要教授的知识点，比如词汇、句型等，同时也要了解该知识点涉及的相关语言知识和背景知识。这样，教师在开展活动时既能胸有成竹，又能给幼儿提供丰富的英语语言输入。

2. 明确幼儿需要掌握的语言技能

语言是交流的工具，语言学习是一个互动的过程，幼儿英语教学的最终目标是培养幼儿初步的英语口语交际能力。要体现“交际化”的，不仅应是教学内容，而且也应是教学过程本身。在研究教育内容时，教师应注重让幼儿在英语语言知识的学习过程中培养相关的英语语言技能和英语语言运用能力。如在设计“小兔过生日”的活动时，教师要让幼儿了解来参加生日会的客人，学习和掌握词汇“bear”“duck”。除了语言知识外，就语言技能而言，教师可以结合幼儿以往学过的一些句型，使词汇的静态学习转变为语言的动态交流，使教育活动交际化。如教师可以用句型“I'm...”“This is...”“Happy birthday!”等与该词汇相结合来组织活动，鼓励幼儿用英语表达和交流，为幼儿提供在

双向式交际中主动学习和实践的机会。

(三)分析幼儿

幼儿英语教育活动要做到有的放矢，要求教师对所授班级的幼儿情况进行综合分析。主要包括以下三个方面：

1. 幼儿起点水平分析

幼儿起点水平分析，即以确定教学起点为目的，分析幼儿的英语语言初始能力，全面了解幼儿已有英语语言知识和经验，确定幼儿的“最近发展区”，获悉幼儿是否具备进行新的学习所必须掌握的英语语言知识和技能；在分析幼儿原有水平的基础上作出准确的估计，预见幼儿学习时会遇到什么困难，会提出哪些问题等，这是确定教学目标的重要基础和依据，对教师进行新知识的教学非常重要，降低了教师教学活动的盲目性，从而提高教学的目标性和针对性。

幼儿已有的英语语言知识和经验，包括英语的，也包括母语的，还包括对当前学习有辅助作用的背景知识或技能。因此，幼儿英语教育活动的设计应以幼儿具有相关母语知识与背景为基础，否则，教师所教授的英语知识远离幼儿的生活实际，幼儿英语学习的效果也就大打折扣。

2. 幼儿学习态度分析

幼儿的学习态度，主要包括幼儿对英语学习的态度、能力倾向、性格特征、个人气质甚至班级风貌等。例如，“本班绝大多数幼儿对英语学习表现出浓厚兴趣”“能积极主动地参与英语学习活动”等，体现出教师对授课班级幼儿学习英语的态度把握得当；“在听和说的方面有一定基础”，体现了教师对幼儿的英语学习能力定位准确。

为了更客观全面地把握幼儿的具体情况，教师可以采用“多元化”的评价方式来了解幼儿学习英语的态度，如观察摸底、日常谈话、家庭问卷等。在对幼儿进行客观分析的基础上，教师能有的放矢地设计英语教育活动，选择适当的教学方法，提高教学效果。

3. 幼儿学习动机分析

学习动机是指激发学习者进行学习活动，维持已发生的学习活动，并使学习者行为朝向一定学习目标的一种心理倾向。它是直接推动学习者进行学习的原因和内部动力，是激励和指引学习者进行学习的一种需要。准确把握幼儿的学习动机，对于教师设计英语教育活动，引导幼儿学习英语，实现教学目标有极大帮助。

幼儿时期的孩子活泼好动、求知欲高、模仿力强、表现力佳，机械地“跟说”无法吸引他们的注意力，达不到很好的教学效果。因此，教师要紧紧抓住幼儿的学习特点、生理特点和心理特点，客观分析教育活动内容，巧妙运用多种教学方法，结合各种教学辅助手段，设计丰富多彩的英语游戏活动，激发幼儿的学习动机，鼓励他们积极主动地参与英语教育活动。

(四)选择方法

教师要在研究教材和幼儿的基础上，选择适当的教学方法。教师应根据宏观的英语教育活动目标，秉承幼儿英语教学的直观性、激励性、习得性及游戏性等原则，汲取各种教学流派的“营养”，发挥自身优势，采用更科学、有效、适当的教学方法，以激发幼儿学习的趣味性，避免教学的单一性。教师应注意以下几点：

1. 要确定每次英语教育活动的活动目标，选定教学模式。

2. 拟定教学环节，安排教学步骤，确定教育活动内容的先后顺序。教学步骤不一定严格按照教材中各项教育活动内容的排列顺序，但应当在遵循新旧知识的联系和知识复现的规律基础上，合理整合教育活动内容。

3. 做好活动准备。英语教育活动中经常会借助多媒体和使用图片、卡片、课件、黑板等教具，有时教师还需要根据教育活动的内容准备特殊的道具，如衣饰、布偶，甚至实物等。充分的活动准备，能让课堂起到事半功倍的效果。

4. 做好英语教学中各个环节、各个步骤之间的过渡和衔接，把每次英语教育活动设计成一个有机的、和谐的整体，使教育活动目标能够自然顺畅地达成。

三、幼儿英语教育活动方案设计的基本要素

“教学设计的根本特征在于如何创设一个有效的教学系统”。在幼儿英语教育活动设计过程中，教师在对活动设计的基本要素有充分的认识和把握的前提下，才能对诸要素加以筹划和安排，使之相互作用，从而形成系统。

(一)活动名称

清晰、完整地列出本次英语教育活动的具体名称，适合于何种年龄班，必要情况下还需列出具体内容。如：

<table>
<tr><td>活动名称</td><td>I Am Hungry</td><td>活动班级</td><td>大班</td></tr>
<tr><td>活动内容</td><td colspan="3">T：The monkey is hungry. Can you get the peach for him?
S：Here you are.
T：Thank you.
S：You are welcome.
T：Who’s hungry?
S：I am hungry.
T：What do you want to eat?
S：I want to eat an apple (a pear，a banana，a peach).
T：Here you are.
S：Thank you.</td></tr>
</table>

(二)活动目标

每次英语教学活动都应该根据宏观的英语教育活动目标设定具体的、可操作的教学活动目标。这是幼儿英语教育活动设计中最重要的环节之一，是该教育活动设计的龙头。幼儿英语教育活动目标与宏观教育目标相一致，同样包括认知、能力和情感三大领域。其目标表述要具体，具有可操作性，所期望的教育成果基本上是可以观察到或测量到的，在陈述原则上应该牢记以下四个要素：

1. 行为主体：行为主体必须是幼儿。但是，由于教育活动过程中的学习主体极为明确，在教育活动目标表述时，行为主体往往可以省略。

2. 行为本身：就是教育活动后幼儿达到教育活动目标的具体学习行为。通俗地说，就是教育活动后，幼儿能做什么。对于行为本身的描述，我们通常会用上一个动宾短语，即“行为动词(表明学习类型)+宾语(说明具体学习内容)”的结构。

针对不同的学习领域及不同层次的学习目标，下表是教学目标设计中常用的一些行为动词，可供教师设计幼儿英语活动目标时参考选用。

教学目标中常用教学对象行为动词参考表

教学目标	常用的行为动词	
认知目标	知识	说出……的名称、列举、选择、背诵、辩认、回忆、描述、指出、说明等
	领会	分类、叙述、解释、选择、区别、归纳、举例说明、改写等
	应用	运用、计算、改变、解释、解答、说明、证明、利用、列举等
	分析	分类、比较、对照、区别、检查、指出、评论、猜测、举例说明、图示、计算等
	综合	编写、设计、提出、排列、组合、建立、形成、重写、归纳、总结等
	评价	鉴别、讨论、选择、对比、比较、评价、判断、总结、证明等
能力目标	知觉能力	旋转、接住、移动、踢、保持平衡
	体能	有耐力、反应敏捷
	技能动作	演奏、使用、操作
	有意的沟通	用动作表达感情、改变脸部表情、舞蹈
情感目标	注意	知道、看出、注意、选择、接受等；
	反应	陈述、回答、完成、选择、列举、遵守、称赞、表现、帮助等
	价值判断	接受、承认、参加、完成、决定、影响、区别、解释、评价等
	组织	讨论、组织、判断、确定、选择、比较、定义、权衡、系统阐述、决定等
	价值体系个性化	改变、接受、判断、拒绝、相信、解决、要求、抵制等

杨进：《幼儿英语教育活动与设计》，武汉大学出版社，2016年版。

3. 行为情境：说明上述行为在什么条件下产生。情境或条件，表示幼儿完成规定行为时所处的情境，即说明在评价幼儿的学习结果时，该在哪种情况下评价。这些情境或条件一般包含环境因素、人的因素、设备因素、信息因素、时间因素、问题明确性的因素等，如下表所示：

行为情境参考表

因素	行为情境或条件
环境因素	空间、光线、气温、室内外、噪音等
人的因素	个人单独完成、小组集体进行、个人在集体的环境中完成、在教师指导下进行等
设备因素	工具、设备、图纸等
信息因素	资料、图表等
时间因素	速度、时间限制等
问题明确性的因素	为引起行为产生，提供什么刺激、刺激的数量如何等

莫源秋：莫源秋论幼教，http://www.360doc.com./content/20/0825/09/36293800_932073413.shtml.

4. 行为标准：用来评价幼儿学习结果的标准和程度。行为标准表现程度一般从行为的速度、准确性和质量三个方面来确定。

因此，在表述教育活动目标时，应当适当考虑以上四个要素。在一个教育活动目标中，行为表述是基本部分，不能省略。紧扣“四个要素”的幼儿英语教育活动目标表述参考如下：

活动目标实例分析表

<table>
<tr><td colspan="3">幼儿英语教育活动目标：能在教师的引导下用英语说出教室里现有的3种以上的颜色名称</td></tr>
<tr><td>行为主体</td><td>幼儿，通常可省略</td><td rowspan="4">目标表述紧扣“四个要素”</td></tr>
<tr><td>行为本身</td><td>用英语说出教室里现有的颜色名称</td></tr>
<tr><td>行为情境</td><td>在教师的引导下</td></tr>
<tr><td>行为标准</td><td>3种以上</td></tr>
</table>

(三)活动准备

一般说来，教师需要为幼儿英语教育活动设计而做的准备主要有三种：一是语言准备。在设计英语教育活动前，教师应充分把握幼儿是否已经具备学习新知识所必须掌握的单词、句型等语言基础知识，为幼儿语言表达能力的有效发挥做好准备，而这些基础知识需要教师在以往的教育活动或日常生活中有意识地进行培养。二是经验准备。教师应首先确定幼儿在本次活动中具有的知识经验和生活经验方面的“最近发展区”，避免盲目设计，给幼儿在学习过程中制造困难，达不到预期的教学效果。三是物质准备。物质准备是指本次英语教育活动过程中所需的各种辅助手段，包括环境布置(室内或室外)，固定辅助教具(如黑板、电视、电脑、玩具或室外的树木、水池等)，成品教具(真实物品、模型、挂图、卡片、手偶等)或半成品教具(需要在活动中由教师或幼儿完成的作品，如白纸、图册等)，幼儿的学具(如剪刀、蜡笔、彩纸、胶泥等)。活动准备做得越充分，活动过程就越顺畅，教学效果就更令人满意。关于活动准备在活动方案中的表述参考如下：

<table>
<tr><td>活动名称</td><td colspan="2">London Bridge</td><td>活动班级</td><td>中班</td></tr>
<tr><td rowspan="3">活动准备</td><td>语言准备</td><td colspan="3">幼儿已掌握动物名称 duck，mouse，cat，elephant，butterfly 和 rabbit 及句型“Who are you?”“I am...”“What can you do? —I can...”</td></tr>
<tr><td>经验准备</td><td colspan="3">幼儿对英文歌曲“London Bridge”较为熟悉</td></tr>
<tr><td>物质准备</td><td colspan="3">小鸭、小老鼠、小猫、大象等动物胸饰若干</td></tr>
</table>

(四)活动重点、难点

教学重点就是学习者必须掌握的核心知识，即基础知识与基本技能。教学难点则是学习者学习的困难所在，即难以理解的知识，或难以掌握的技能。教学重点、难点是进行教学设计的必备要素之一。教师在设计英语教育活动前应该仔细钻研活动内容，做好学情分析，从幼儿的实际水平出发，正确把握教学活动的重点和难点，以确保教学活动目标得以顺利实现。有时候，幼儿英语教育活动内容中的重点和难点会有重合。在明确活动重难点后，教师应考虑和设计有针对性的活动，采用多样化的方法，以便在教学中突出重点，降低难点，提升教学效果。同时，在表述活动的重点、难点时，应当简洁、明确，如下例所示：

<table>
<tr><td>活动名称</td><td>I Am Hungry</td><td>活动班级</td><td>大班</td></tr>
<tr><td>活动重点</td><td colspan="3">复习单词 tree，river，peach，fish</td></tr>
<tr><td>活动难点</td><td colspan="3">能在教师的感染和带动下，学说“I am Hungry”“Here you are”</td></tr>
</table>

又如：

活动名称	Numbers	活动班级	小班
活动重点	感知单词 one to five 与数字 1—5 的对应		
活动难点	在创设的英语情境下，幼儿能记住每个数字单词和阿拉伯数字的对应关系		

（五）活动过程

活动过程是教学设计中的核心环节。教师应具体地、详细地设计出本次英语教育活动的过程和环节，包括活动进行中所采取的形式、所提出的问题、所表述的组织语言等。一般的英语教学过程中会有“5P 教学法”，即把英语课堂教学分为五个阶段：准备（Preparation）—呈现（Presentation）—操练（Practice）—生成（Production）—提高（Progress）。根据幼儿英语学习的特点和幼儿英语教育活动的目标，针对幼儿的英语教育活动过程通常包括热身环节（Warming Up）、内容呈现（Presentation）、听说活动（Listening and Speaking）和结束活动（Ending Activity）四个步骤，它们之间相互联系、相互作用。教师在设计活动过程时，不一定要局限在一种固定模板中，应根据不同的活动内容灵活地、创造性地设计每次教育活动过程，以求达到更好的教学效果。

（六）活动延伸

教师在组织英语教育活动后，可以设计一些以复习和巩固所学知识为目的的延伸活动，把幼儿的兴趣和活动内容延伸到课堂以外，使幼儿的大脑神经对所学知识的记忆得以强化。延伸活动通常可以有以下几种设计方式：

1. 教师可以将活动中学习的内容充分运用在各个日常生活环节或放置于区角之中，使半日活动或一日活动形成一个有机联系的整体。例如，在“寻找春天”的主题活动中，孩子对这一话题很感兴趣，教师就可以带孩子走出教室，观察春天里幼儿园户外环境的变化和特征，设计拾花瓣做“花朵书签”的活动。

2. 教师也可以让幼儿在活动后，围绕所学内容开展一些复习活动，如播放音频、视频，画画涂鸦，宝宝讲坛等，为幼儿创造良好的英语语言环境。例如，为了让幼儿在“寻找春天”的主题活动中获取更多的生活体验，可以将每日“宝宝讲坛”的话题定为“我找到的春天”，鼓励幼儿用自己的所教所闻互相交流、互相学习。

3. 教师还可以将活动延伸到家庭和社会活动中，真正实现幼儿园与家庭、社会的密切配合，既扩大了幼儿的活动范围，拓宽了幼儿的视野，也满足了幼儿主题学习的需要，促进了幼儿的全面发展。例如，“寻找春天”主题活动下开展的“我与春天有个约会”“寻找蜗牛大行动”等，需要家长利用周末和节假日陪同幼儿到公园、广场、动物园等场所，与幼儿一起寻找、认识春天里的动植物，一起完成“观察记录表”。

（七）教学反思

教学反思是教师以自己的教学实践为思考对象，对自己的教学行为、决策及由此产生的结果进行审视和分析的过程，是教育活动设计的拓展环节，在教育活动设计中不可或缺。教学反思通常以教师的教学行为过程为对象，反思的内容主要包括对教学目标的反思、教学内容的反思、教学方法的反思、教学态度的反思、教学效果的反思、学习过程与课堂管理的反思、媒体的配置与使用的反思等。

教学实践是检验教育活动设计价值的唯一途径，活动后撰写教学反思是提高教师的自我觉察水平，促进教师专业发展的重要途径，对教学活动的作用无可替代。

(八)幼儿英语教育活动设计中英文模板和案例

中文模板：幼儿英语教育活动设计(活动方案)

<table>
<tr><td>活动名称</td><td colspan="2"></td><td>活动班级</td><td></td></tr>
<tr><td rowspan="3">活动目标</td><td>认知目标</td><td colspan="3"></td></tr>
<tr><td>能力目标</td><td colspan="3"></td></tr>
<tr><td>情感目标</td><td colspan="3"></td></tr>
<tr><td rowspan="3">活动准备</td><td>语言准备</td><td colspan="3"></td></tr>
<tr><td>经验准备</td><td colspan="3"></td></tr>
<tr><td>物质准备</td><td colspan="3"></td></tr>
<tr><td rowspan="2">活动内容</td><td>重点</td><td colspan="3"></td></tr>
<tr><td>难点</td><td colspan="3"></td></tr>
<tr><td rowspan="4">活动过程</td><td>热身环节</td><td colspan="3"></td></tr>
<tr><td>内容呈现</td><td colspan="3"></td></tr>
<tr><td>听说活动</td><td colspan="3"></td></tr>
<tr><td>结束活动</td><td colspan="3"></td></tr>
<tr><td>活动延伸</td><td colspan="4"></td></tr>
<tr><td>教学反思</td><td colspan="4"></td></tr>
</table>

英文模板：Teaching Plan for English Activity in the Kindergarten

<table>
<tr><td>Name of Activity</td><td></td><td>Grade and Class</td><td></td></tr>
<tr><td rowspan="3">Activity Objective</td><td colspan="3">Cognitive Goals</td></tr>
<tr><td colspan="3">Ability & Skill Goals</td></tr>
<tr><td colspan="3">Emotion & Attitude Goals</td></tr>
</table>

续表

Preparation	Language Preparation	
	Experience Preparation	
	Material Preparation	
Contents	Key Point	
	Difficult Point	
Procedures	Warming up	
	Presentation	
	Listening and Speaking	
	Ending Activity	
Extension		
Introspection		

实训项目： 幼儿英语活动方案设计

1. 请自选主题内容，尝试写一写小(中、大)班的一次英语教育活动的活动目标。
2. 请自选年龄段和内容，设计一个幼儿英语教育活动方案。

工作反馈与自评：

(每项内容的分值建议用5分制表示，5分为满分，如有不足依次递减。)

项目	小组组员反馈	旁观同学反馈	自我评价
活动目标			
教学内容			
教学方法			
活动过程设计			
环境与材料			
不足与改进：			

(项目具体内容请参考附录四：表3：幼儿英语教育活动设计与组织评价表)

任务八：

幼儿英语教育活动步骤设计与组织

任务介绍：

基于活动目标的教育活动步骤设计是实现活动目标的基础。要实现活动目标，教学活动过程设计必须紧扣目标，安排好活动内容呈现和练习的顺序，设计好每一个教学环节的活动。

通过完成本项任务的学习与实训，你将了解幼儿园英语教育活动组织实施的基本环节，尝试把所学的幼儿英语教育理论知识运用于幼儿英语活动设计中，初步掌握幼儿英语教育活动过程设计与组织的基本规律。

知识链接：

如何设计与组织幼儿英语教育活动步骤？

案例导入：

Linda 老师为了让自己能够尽快熟练开展幼儿园英语教育活动，常常去观摩其他优秀的幼儿园双语老师组织的活动。每一次观摩，她都会认真记录下活动的开展过程及步骤，并且把一些好的点子尝试运用到自己的教学过程中。通过大量的模仿和实践，Linda 已经掌握幼儿英语活动设计组织的几个基本步骤，组织活动也不像之前那样，一紧张起来脑子一片空白了。

问题聚焦：

活动目标的实现需要通过围绕目标设计多样的活动去吸引幼儿积极学习和参与，而活动的安排需要按照一定的步骤进行合理地规划，才能使得活动实施时有条不紊。

因此，在这部分的学习过程中，请思考以下问题：

1. 幼儿园英语教育活动组织实施的基本环节有哪些？
2. 活动热身的方式有哪些？
3. 如何有效地开展幼儿英语听说活动？

一、幼儿园英语教育活动组织实施的目标

幼儿英语教育活动的目标，是通过生动活泼的活动，激发幼儿对英语语言启蒙的兴趣，使幼儿建立初步的英语语感，并能够运用日常基本英语词汇和简单的交际用语进行交际。在英语活动过程中，注重开发幼儿英语潜能，培养观察、记忆、注意、想象、表达和创造能力，开阔幼儿视野，使幼儿对英语活动中接触的中外文化习俗感兴趣，为幼儿可持续发展打下更好的基础。

二、幼儿园英语教育活动组织实施的基本环节

幼儿园英语教育活动的组织实施落到实处应是一个前有导入、后有结束的完整过

程。它由热身环节、内容呈现、听说活动、活动结束四个部分组成。

（一）热身环节（Warming Up）

选择明快的幼儿英语歌曲、歌谣、律动，加上符合幼儿年龄特点的肢体动作，作为幼儿英语的热身活动，可以活跃课堂气氛，集中幼儿的注意力，调动幼儿潜能，协调师生情感，使幼儿自觉主动、次序井然地做好活动准备，保证幼儿英语活动的顺利进行。热身环节的活动方式主要有歌曲、游戏、问候、点名、复习。

热身活动可以让处于安静状态的幼儿活跃起来，或者让过于活跃状态的幼儿安静下来。如果是幼儿从户外活动回来进行英语活动，我们可以用一些可以使其安静下来的英语小儿歌作为热身活动；如果是在幼儿午睡之后开展的英语活动，则可以带领幼儿一起听一个有趣的全身律动的英文歌曲，可以让幼儿快速进入状态，精神振奋起来。热身活动的时间不需要太长，一般控制在2—3分钟，时间太长会影响后面的活动进行。

热身环节片段：

活动步骤	分析与研究
Warming up： （1）Greeting：Sing the "Good morning" song. T：Good morning，kids. Good morning，good morning，to you，to you and to you. Good morning，good morning，to you，to you and to you.（教师唱 good morning song 和孩子打招呼） Ss：Good morning，Miss Li. （2）"Head and shoulders"，边唱边做动作，以达到课前的活动准备。 T：Kids，follow me. Head，shoulders，knees，toes.（教师边说边指身体部位）Let's sing together. Ss：Ok. （3）Revision activities：Review"box，bag".	（1）拉进师生关系 （2）让幼儿迅速进入英语语言环境 （3）让处于安静状态下的幼儿活跃起来，或让处于过于活跃状态的幼儿安静下来

（二）内容呈现（Presentation）

这一环节要求教师"在一种能使意思明了的情景中清楚而自然地说出新的语言"，而对教学的主体——幼儿而言，则是通过教师的示范、表演，感知和理解教师所呈现的语言材料。教师可以通过以旧带新，呈现新的语言内容，这样做的目的是让幼儿理解具体的英语发音和事物的对应关系。此外教师还可以依据幼儿已有的知识经验和学习经验，设计合理的活动呈现新内容。呈现的活动可以以各种形式、各种方法进行。如：（1）用有趣的方式激发幼儿的好奇心。（2）教师在发出英语发音的同时出示相应的教具、动作等能最有效表达语音含义的方式。(3)教师用各种语调清晰地重复。(4)教师围绕中心词，进行句子的扩展。(5)与幼儿进行交际性的问答。(6)有节奏地进行动静交替的游戏。(7)可适当运用母语，确保幼儿能正确理解。

内容呈现环节片段：

活动步骤	分析与研究
Presentation： (1) apple(教师把已装有苹果的盒子或袋子神秘地拿到幼儿面前，激发幼儿探索的欲望) T：Look! What's this? Ss：Box! T：Yes. A box. 教师与幼儿一起边唱边做动作，以活跃课堂气氛。 What's in the box? What's in the box? Do you know? Do you know? Who wants to try? Let me try. Ding-ding dong，(敲盒子)let me try. T：Ok，do you want to know?(引导幼儿说出 Yes 或 No) T：Who wants to try?(做举手状，并引导幼儿说出 Let me try) 当幼儿拿出苹果后，教师用英语问 What's this? Ss：Apple. T：Yes. Apple!(教师要抑扬顿挫地反复输入) (2) Orange 教师用餐纸把橘子包起来，然后做示范闻一闻，拿到幼儿面前给他们也闻一闻，并让他们猜出是什么东西。 T：Hmm! (做闻的动作)The smell is good. 然后拿到幼儿面前：Smell it! 接着问幼儿：What's this? Ss：Orange. T：Yes，orange.(教师也要用抑扬顿挫的声调反复输入)	(1)用有趣的方式激发幼儿的好奇心 (2)教师在发出英文发音的同时出示相应的教具、动作等能最有效表达语音含义的方式 (3)教师用各种语调清晰地重复 (4)教师围绕中心词，进行句子的扩展 (5)与幼儿进行交际性的问答 (6)有节奏地进行动静交替的游戏 (7)可适当运用母语，确保幼儿能正确理解

(三)听说活动(Listening and Speaking Activities)

1. 听力活动。幼儿英语学习的顺序是先听懂，再学说、会说。英语听力活动主要用于检查幼儿对语言内容的理解，提供更多的语言表达示范。以 TPR 教学法为主开展的听力游戏活动强调听的重要性，为幼儿提供更多听力模仿的机会并检查幼儿的理解程度，同时可以活跃气氛，避免机械化重复。TPR(Total Physical Response)游戏是幼儿英语听力活动的典型，如“听一听，做一做”“听一听，摸一摸”“听一听，指一指”“听一听，画一画”“听一听，猜一猜”，在这类游戏中，通常只需要幼儿能听懂教师指令做出正确的肢体反应即可，不强迫幼儿开口学说。

听力活动片段：

活动步骤	分析与研究
Listening activities: 辨认水果： A. 教师把水果放在桌面。 T：I'm hungry now. I want to eat some fruits. Who can help me?（做举手状） 接着当幼儿上来时，教师说：I like apples/oranges. 看幼儿是否拿到正确的水果。如果拿错，可说：Thank you，but I don't like oranges. I like apples(手指 apple). 无论何种情况都要记得说：Thank you. B. 摘果游戏 先把水果图片贴到大树上，让幼儿去摘老师想要的水果。(可先请配班老师做示范)教师说：I like orange. 配班老师摘橘子；教师说 I like apple。配班老师摘苹果，然后请个别幼儿上来摘，摘到的就送给他作为奖励，并说：Oh，yes. This is an apple/orange. Very good! Thank you! 让全体幼儿参与活动去摘水果，然后坐回位子上。接着教师引导幼儿辨认。 T：Apple，stand up. Jump!（拿 apple 的小朋友站起来跳一下） Orange，stand up. Jump!（拿 orange 的小朋友站起来跳一下）	(1)检查幼儿是否正确理解新内容 (2)教师有更多的机会重复新内容 (3)身体反应的识别游戏方式使幼儿的参与性更高

2. 说的活动。从心理学上讲，说是受规则支配的创造性的言语生成过程。培养幼儿说英语的能力的过程，实质上是使其有意识地从套用规则编排句子逐渐过渡到自动生成言语的过程。幼儿英语活动的最终目的是让幼儿开口会说，开口善说。说的活动可以分为模仿学说活动(Following Activities)和交际活动(Communication Activities)。

模仿学说活动的目的在于为幼儿的语言输出做准备。方式可以有模仿老师、模仿录音、模仿动画视频、传话游戏等。比如一些游戏"Passing down the words""Call it out""Chinese whisper"。

但是语言是交际的工具，学语言的目的是交际。模仿学说阶段下的说还是一种机械式的语言操练，当机械训练达到一定的量，当幼儿经过大量的语音语调的机械模仿后，幼儿的学习过程则进入了交际活动的阶段。人之所以交际，是为了交流信息。为什么交流信息？因为人和人之间存在有"信息差"(Information Gap)，有些信息一部分人知道，另一部分人不知道。由"已知"的一方向"未知"的一方传递信息，信息差填平了，达到了信息对称，"Balance of Information"，交际过程就完成了。

交际活动的目的主要是制造信息差，即交际的动机，从而给幼儿创造说的机会，同时教师可以检查幼儿语言的输出结果并鼓励幼儿大胆表达，在有趣的游戏活动中自然输出，自然地交际运用。比如游戏"Wolf, Wolf, What Time Is It?"就属于交际活动。

说的活动片段：

活动步骤	分析与研究
Speaking activities: (1)品尝水果 教师可先做示范：拿一片橘子放入口中：Hmm! Sweet! T: Do you want to eat?（继续引导幼儿说出 Yes） Ss: Yes. T: Ok, follow me! I like apples/oranges. 接着教师发水果让幼儿品尝。(拿到幼儿面前时一定要鼓励幼儿大声说出"I like apples/oranges"，方可给他。人数太多可请配班老师帮忙) (2)唱英文歌"I Like Apple" 当幼儿在品尝时，可放此音乐，可让幼儿欣赏，也可做动作，活跃课堂气氛	(1)在正式的环境中运用语言； (2)用有趣的方式引导幼儿使用语言； (3)培养幼儿的音乐欣赏和演唱能力

3. 听说活动注意事项。听说技能的发展不是孤立的，而是交叉相辅相成的。听说活动形式要多样，围绕一个教学内容多听多说，活动要以个人、小组、集体操练相结合

的形式开展，为幼儿提供尽可能多的参与机会。运用活动不断制造课堂中的“兴奋点”，使幼儿自始至终处于感兴趣、积极的学习状态。活动应遵循先易后难的原则，由听力活动向模仿学说活动和交际活动逐步过渡，理解先行、表达在后。让幼儿在充分感受理解的基础上进行英语的表达和输出。各环节之间过渡自然，连贯一致，使用符合幼儿年龄特点与能力水平的教学语言，清楚准确地发出指令以达到教学目的。在听说活动中，要注意允许幼儿发音不完美；允许幼儿使用不完整的句型；允许一部分幼儿保持沉默并减少强迫输出。

(四)结束活动（Ending Activities）

作为活动的最后一个环节，可以总结学习内容，检查学习成果。还可以与幼儿一起说、唱所学的内容。结束的方式有以下两种：

1. 自然结束。即带幼儿进行上洗手间或到室外玩耍等休息活动。

2. 与幼儿说再见或唱有关再见的歌谣或歌曲。

比如在“Apple Tree”儿歌活动的最后，教师放音乐，和孩子们一起唱“Apple Tree”，边唱边玩拍手游戏，然后组织幼儿洗手，一起分享水果。

结束活动片段：

活动步骤	分析与研究
Ending activities： (1)复习巩固 教师再出示一次水果让幼儿复习一遍 (2)Say “Good-bye” T：Ok！We are so tired. Let’s have a rest. Let’s say good-bye to the apple. Ss：Bye-bye，apple！ T：Say good-bye to the orange. Ss：Bye-bye，orange. T：Good-bye，kids！ Ss：Good-bye，Miss ×××.	(1)让幼儿在愉快的气氛中结束活动； (2)结束的过程也是复习和巩固的过程

实训项目：设计并模拟实施幼儿英语教育活动

1. 请根据以下活动方案，模拟组织活动，并说说活动呈现用了什么方式？谈谈活动的过程是如何突破活动重点和难点，实现活动目标的？

扫码观看活动步骤视频“Four Little Baby Ducks”

活动名称	Four Little Baby Ducks	活动班级	小班
活动目标	认知目标	能理解儿歌“Four little baby ducks”的内容，感知数字 1—4 代表的顺序和数量，以及数字 1—4 的英文发音	
	能力目标	1. 能按照顺序用英文数 1—4，并能根据教师说的英文数字出示相应数量的物品 2. 能跟着教师哼唱儿歌并进行动作表演	
	情感目标	愿意模仿学说英语，乐意参与英语游戏活动	
活动准备	语言准备	幼儿学习过单词 duck	
	经验准备	课前循环播放歌曲，幼儿大概能哼唱歌曲	
	物质准备	鸭妈妈及 4 只鸭宝宝头饰、4 只鸭宝宝玩偶、小鱼卡片、牛妈妈、牛宝宝、花朵卡片	
活动内容	重点	能按照顺序用英文数 1—4，并能根据教师说的英文数字出示相应数量的物品；能跟着教师哼唱儿歌并进行动作表演	
	难点	能根据教师说的英文数字出示相应数量的物品	
活动过程	热身环节	1. Greetings. 2. Chant “Little Bee”. T：Bzzzzz… Who’s coming? Ss：Little bee. T：Yes. Show me your hands. Little bee，little bee，round round round. Little bee，little bee sound sound sound. Bzzzz…	
	内容呈现	1. Guess：Who is that? 教师让幼儿听声音猜猜是谁藏在椅子背后，然后一一将小鸭子拿出。 T：Listen，quack，quack quack. Who’s coming?（依次拿出小鸭子）助教模仿鸭子叫。 2. Role Play. 教师拿出小鸭子的头套，邀请 4 个幼儿进行角色扮演，并一起哼唱歌曲。 T：Now，I’m mummy duck. Who wants to be baby ducks? 1，2，3，4. Look! I have four little baby ducks! 1 little baby duck，2 little baby ducks，3 little baby ducks，4 little baby ducks…（一一邀请幼儿戴上头套，然后一起边唱边跳）	
	听说活动	1. Counting game1：Come on，baby ducks. 玩法：出示橡皮鸭妈妈和鸭宝宝，听教师说鸭宝宝的数量，拿相应数量的鸭宝宝放到鸭妈妈的背上。 T：Look，mummy duck wants to go to swim. T：（教师扮演鸭妈妈说）Come on，climb on my back，baby ducks.	

续表

活动过程	听说活动	T：Who can help the baby ducks? 教师请助教老师上前示范游戏玩法，听教师说数量，拿相应数量的鸭宝宝放到鸭妈妈的背上。 T：Who can try? 注意：每次幼儿拿完相应数量的鸭宝宝放好后，都和幼儿一起数一数，确认数量。 T：3 little baby ducks. Let's count together. 2. Counting game2：Show me your fingers. 玩法：教师说出数字，幼儿伸出数字对应的手指个数。 T：Now, I say the numbers, and you show the fingers. Show me 1, 2, 3,… Great! 3. Counting game3：What can you see? 教师引导幼儿在教室中寻找 1—4 数量的物品，并进行数数。 T：Look here. What are these? Ss：Fish/flowers/cows… How many fish/flowers/cows are there? Let's count together.
	结束活动	T：Oh! I am tired. Are you tired? Let's go to drink some water. 音乐起，教师带领幼儿排队边唱歌曲"Four Little Baby Ducks"边离开教室。 儿歌内容：1 little 2 little baby ducks, 3 little 4 little baby ducks. Quack quack quack, quack quack quack, quack quack quack. Oh, come 4 little baby ducks.
活动延伸	请幼儿回家后和父母一起扮演鸭妈妈与小鸭子，唱一唱这首歌	
教学反思	1. 这是幼儿第一次接触数字 4 以内的英文歌谣，教师在活动中的表情、动作要丰富有激情，这样才能吸引幼儿的注意力，让每个幼儿都能主动、积极地投入活动中 2. 在小班的活动中使用全英文还是有一定的难度，教师一定要运用肢体语言进行辅助 3. 教师的语言表达要清晰易懂，让幼儿听懂并乐意按指令去做，从而给幼儿提供一个良好的语言环境	
教学评析	在这个活动中，教师为幼儿创设了丰富多彩的英文教学活动，让幼儿在歌曲中、有趣的活动中感知数字 1—4 的顺序和代表的数量，同时又练习了 4 以内阿拉伯数字与英文单词 one—four 的对应关系，把英语和数学学习联系了起来	

2. 请你以"My Body"为题设计一个完整的英语教学活动，并组织开展模拟教学。

工作反馈与自评：

（每项内容的分值建议用 5 分制表示，5 分为满分，如有不足依次递减。）

项目	小组组员反馈	旁观同学反馈	自我评价
对活动内容的把握			
活动设计			
活动过程模拟实施			
活动效果			
工作态度			
改进措施：			

（项目具体内容请参考附录四：表 3：幼儿英语教育活动设计与组织评价表）

任务九：

幼儿英语游戏活动设计与组织

任务介绍：

游戏是幼儿学习的主要方式，游戏穿插在幼儿英语教育的全过程。幼儿英语游戏活动需要将幼儿英语语言学习的内容用游戏的方式进行学习与应用，给幼儿提供交际的情景和交际的机会。

通过完成本项任务的学习与实训，你将了解如何选择与设计幼儿英语游戏，初步掌握幼儿英语游戏活动设计与组织的技巧。

知识链接：

如何设计与组织幼儿英语游戏活动？

案例导入：

Linda老师在教学过程中发现，如果孩子们觉得活动不好玩或者太难，就很难产生对英语的兴趣和学习动力，所以她认为课堂的趣味性至关重要。Linda发现孩子们特别喜欢活动中的小游戏，每次玩游戏都能一下子吸引孩子们的注意力，于是她开始注重在自己的英语活动中多应用游戏活动。但在实践中，Linda又发现了一个问题，有时孩子是玩得高兴了，但是语言训练的目标却没完成，或者孩子玩得太高兴了，以至于秩序失控了，Linda有点不知所措。

问题聚焦：

英语游戏的应用是为了满足幼儿英语学习的需要，如果仅仅为了取悦幼儿而进行游戏，那么很容易失去英语游戏应用的意义。这需要根据语言训练目标进行选择和设计英语小游戏，紧扣语言训练目标，把语言训练内容规划到游戏行为中，并设计好相应的游戏步骤，明确游戏规则，这样才能让孩子们在愉快的游戏中学习英语。

因此，在这部分的学习过程中，请思考以下问题：

1. 如何通过游戏活动来达到英语语言训练目标？
2. 幼儿英语游戏活动的组织步骤有哪些？

一、幼儿英语游戏的选择

幼儿英语游戏兼顾发展幼儿英语能力和其他方面能力的功能，在众多游戏中如何做出得当的选择？建议考虑以下几个方面：

（一）这个游戏是否适合你的教学对象？

这个方面主要分析两点：一是教学对象的年龄特点。幼儿能理解游戏规则吗？认知和动作能力现状能否支持他完成这个游戏任务？二是教学对象的英语水平。幼儿现有的英语知识和能力储备能否让他在游戏中既有所发挥又得到发展？如果你组织的游戏中，幼儿需要用练习的语言内容去说话交流，但幼儿还没有完全熟悉，还处于需要进一步理解和模仿的阶段，显然幼儿是很难完成任务的。反之，如果幼儿对语言内容已经能理解，操练起来已经熟练对答，这时还只是要求幼儿不断地重复，那幼儿的语言交流能力就无法得到发展。

(二)你的教学目标是什么？

语言活动要有明确的语言训练目标。你选择这个游戏的目的是让幼儿加强哪方面的语言训练？是注重练习语言使用的准确度还是注重练习语言的流畅度？是注重听力理解、发音、用语言内容进行交际，还是在游戏中非正式地呈现语法结构，让幼儿发现其中的惯例和规则，从而自然地掌握语法？此外，幼儿英语教育要兼顾幼儿的全面发展，注意把英语与其他领域活动相结合。因此，选择游戏除了考虑训练幼儿的英语语言技能外，还能否锻炼幼儿其他领域的能力？

(三)这个游戏要用在哪个教学环节？

在幼儿英语活动中，游戏除了是幼儿练习英语的方式外，还能起到其他作用。如它可以起到安抚的作用，让幼儿安静下来，还要能调动幼儿的积极学习情绪，活跃气氛。

教学中常常有一些教师意料之外或计划之外的事情发生。如活动中，前一个游戏幼儿玩得太激烈了，情绪兴奋到失控的边缘，这时，教师就需要用些安抚的游戏，如有节奏的手指歌谣游戏或歌曲表演游戏。反之，如果幼儿刚刚睡醒，或情绪低落，就需要让幼儿脑筋活跃起来，如“What's Missing”等，或让肢体动起来，如“Yes-No Seat”等。

(四)这个游戏需要事先准备什么材料？

选择游戏时，应充分考虑现实条件，本着节约、环保、方便的原则，着重考虑现有的场地、材料能否支持这个游戏的实施。这需要教师有一定的游戏环境创设能力，以利于游戏的顺利实施。如课件制作、教玩具制作、设计游戏情景等。

(五)语言内容与游戏拓展

这里我们需要考虑两点：一是这个游戏除了可以训练这个语言内容，还可以训练其他的语言内容吗？比如“Touching Game”几乎可以用来练习所有的单词。二是需要考虑同一个语言内容除了可以用这个游戏来练习，还可以用多少种游戏形式进行练习？

二、幼儿英语游戏活动的组织

(一)游戏准备

幼儿英语游戏活动前主要从选择游戏内容、确定游戏任务及语言目标、设置游戏情景、编排游戏队形、准备游戏道具这几个方面来考虑，做好游戏活动的准备。

1. 选择游戏内容。幼儿园英语游戏内容的选择应是幼儿力所能及的，但也要有一定的挑战。教师在选择游戏内容时，需要了解幼儿的年龄特点和已有的生活经验，知道3—6岁年龄段的幼儿对什么感兴趣，他们认为什么是重要的，他们喜欢什么样的游戏活动。这样的游戏才能运用于实际，体现游戏的渐进与发展。

2. 确定游戏任务及语言目标。幼儿英语游戏既要考虑游戏性，也要考虑语言性。幼儿教师在游戏开展前明确游戏任务和语言目标，有助于在游戏过程中更好地完成游戏，同时兼顾语言教学目的的实现。因此，游戏任务应具体、准确地表述出该游戏幼儿要做什么，并突出可操作性。语言目标则应突出幼儿语言训练的重点，服务于语言学习，让幼儿在玩游戏的过程中潜移默化地学习英语。

3. 设置游戏情景。在开始游戏之前，教师需要使用一些与游戏活动有关的物品、动作、语言等来设计游戏的情景，目的在于引导幼儿感受活动的氛围，引发幼儿参与游戏的兴趣。游戏前教师可以把教室或者是活动室布置成英语场景气氛浓厚的地方。例如教师可以在墙上或黑板上贴一幅森林的图片，或者展示森林场景的PPT，在四周贴上各种动物的图片。还可以查找一些相关的歌曲歌谣播放给幼儿听。

4. 准备游戏道具。游戏道具是进行游戏的物质条件，它能激发孩子对游戏场景的想象力，让孩子更容易进入游戏角色。在丰富多彩的英语游戏活动中，游戏道具能体现较大的综合性，要充分发挥道具一物多用、一物多玩的特点。

(二)游戏活动步骤

游戏活动步骤是幼儿英语游戏活动的主体部分，它呈现的是游戏的过程，是完成游戏任务、实现游戏价值的关键。在这一环节中，教师要注意监控游戏过程，随时调整游戏的进度。教师应及时对游戏中遇到困难的幼儿给予提示或帮助，启发和鼓励他们积极参与游戏，培养他们的自信心和参与意识。幼儿英语游戏活动过程主要包括游戏热身、游戏规则示范、教师引导游戏、幼儿自主游戏，游戏结束五个步骤。

1. 游戏热身。热身是教学活动的开始。游戏热身环节对吸引幼儿的注意力、激发幼儿兴趣、调动幼儿潜能、协调师生情感起着重要作用，同时它还能起到温故知新、合理引出下一个环节活动，充分保证游戏活动顺利进行的作用。

2. 游戏规则示范。教师在讲解游戏的玩法时，一方面要注意自己说话的方式，用适宜于幼儿理解能力的英语(包括简单的动作)，向幼儿说明游戏的玩法，语言力求简洁易懂。另一方面，用自己的热情、兴趣去感染幼儿，直接激发幼儿参与活动的兴趣。在讲解相对复杂的游戏规则时，教师除了可以用简单化、生活化的语言给孩子讲解以外，还可以通过其他的非语言的示范以及发挥助教老师的作用来讲解示范游戏规则，体现儿童英语游戏的灵活性。

3. 教师引导游戏。在幼儿开始游戏时，教师帮助游戏分组，明确游戏规则，引导幼儿积极参与游戏。在幼儿游戏的过程中，教师认真观察幼儿的各种行为，积极回应幼儿在游戏中的各种表现，维持参加游戏者的热情，使游戏顺利进行。

4. 幼儿自主游戏。教师引导幼儿顺利开始游戏后，教师的角色应尽量从主导者变成旁观者，逐步放手让幼儿自己独立进行游戏活动。在幼儿自主游戏过程中，教师要注意做好指导个别、分组和全体幼儿的工作，及时解决游戏中出现的问题或矛盾，给幼儿鼓励，让幼儿完全投入快乐的游戏活动中。

5. 游戏结束。游戏结束环节主要包括两个方面：一是教师与幼儿一起对游戏结果进行评判，对获胜方进行表扬和适当的奖励，对输的一方进行鼓励；二是教师对幼儿执行游戏规则的情况作小结，表扬积极的行为，引导幼儿相互交流游戏体验，树立榜样，发扬激励作用。在这个环节，教师注意不能太注重游戏的结果，游戏评判时应该把重点放在游戏过程，而不是"赢"上。教师对活动的质量评价要以正面引导为主，而且尽量不为胜利者提供奖品或奖赏。若一味用言语或物质来强化竞争结果，会使幼儿对游戏本身的兴趣和对锻炼自己游戏"本领"的注意力转移到奖赏上。教师要把幼儿的注意力引导到"赢者"所用的有效的策略和语言上，引导幼儿学习同伴的策略和语言，意识到他人的想法和观点。同时对落后的队伍要加强鼓励，希望他们下一次取得好的成绩。

幼儿英语游戏活动示例：

<table>
<tr><td>活动名称</td><td colspan="2">Matching Game：What Do They Want?</td><td>活动班级</td><td>3—5 岁</td></tr>
<tr><td rowspan="3">活动目标</td><td>认知目标</td><td colspan="3">理解并进一步掌握 dog，cat，rabbit 等简单的动物和 apple，banana，pear 等水果名称</td></tr>
<tr><td>能力目标</td><td colspan="3">听懂并运用句子"What do you like?"</td></tr>
<tr><td>情感目标</td><td colspan="3">能在小动物做客的情境中，体验参与英语游戏的乐趣</td></tr>
<tr><td rowspan="3">活动准备</td><td>语言准备</td><td colspan="3">初步理解 dog，cat，rabbit 等简单的动物和 apple，banana，pear 等水果名称</td></tr>
<tr><td>经验准备</td><td colspan="3">有玩过分组游戏的游戏经验</td></tr>
<tr><td>物质准备</td><td colspan="3">1. dog，cat，rabbit，duck 等动物玩具，apple，pear，banana，orange 等水果
2. 小椅子、录音机</td></tr>
<tr><td rowspan="2">活动内容</td><td>重点</td><td colspan="3">进一步理解 dog，cat，rabbit 等简单的动物和 apple，banana，pear 等水果名称</td></tr>
<tr><td>难点</td><td colspan="3">听懂并运用句子"What do you like?"</td></tr>
<tr><td>活动过程</td><td>游戏热身</td><td colspan="3">1. Greeting
T：Hello! Boys and girls!
(song) Hello boys，hello boys，La La La La La La La
Hello girls，hello girls，La La La La La
2. 介绍小动物
T：There are four friends here. They will play with us. Look! Here they are! Hello! Cat! Hello! Dog! Hello! Monkey! Hello! Rabbit!</td></tr>
</table>

续表

活动过程	游戏热身	3. 介绍水果 T：I'm hungry. Are you hungry? Look! Fruits! How delicious! Look! Apple! Banana! Orange! Pear! Tomato!
	游戏规则示范	T：They are hungry.（教师假装听小动物说话）Let's help them. What do you like? T：Ok. I see. Lily，"The dog wants a banana." T：Ready? Go! 教师发指令语："The cat wants an apple."（指令可以随意变换。）然后请助教Lily配合进行游戏示范，按照指令送水果给小动物们吃。
	教师引导游戏	游戏开始： 助教 Lily：I'm hungry. I'm hungry.（躲到动物后面发出小动物声音） T：They are hungry. Let's help them. What do you like?（假装问动物）The cat wants an apple，Tom and Mary. Ready? go! T：The rabbit wants a pear，Joe and May. Ready? Go! The cat wants a banana，Jason and Candy. Ready? Go! Good job! Go back to your seats. （教师发指令语："The cat wants an apple."（指令可以随意变换）每次点选 2 名幼儿，送对水果并最先到达的幼儿胜出。依此方式把水果送给小动物们。其他幼儿在一旁加油"Come on! Come on!"） T：Come here. Congratulations! You're the winner! What do you like? S：I like bananas. T：Here you are. S：Thank you. T：Go back to your seats. （教师用问题"What do you like?"鼓励幼儿用英语说出自己喜欢的水果）
	幼儿自主游戏	T：Now，who wants to come here? Candy，you try. Candy：The dog wants a pear.... and... Ready? Go! （教师请一位幼儿发指令语，并点选其他幼儿送水果给幼儿）
	游戏结束	T：Who's the winner today? T：Congratulation! T：The others，don't give up. Cheer up! We'll play this game tomorrow. Listen more carefully and go to feed the animals faster，maybe you'll win next time. T：Good-bye!

续表

教学反思	1. 游戏前要求孩子仔细听清教师的指令 2. 教师的指令要清晰，必要时可重复几遍 3. 对年龄小的幼儿要注重奖励和鼓励 4. 教师的语言表达要清晰易懂，让幼儿听懂并乐意按指令去做，从而给幼儿提供一个良好的语言环境
教学评析	本次活动运用游戏，让幼儿在玩中进行了所学内容的练习，并做到在实际中进行应用，不仅增加了幼儿学习英语的兴趣，也更好地寓教于乐

实训项目：设计并模拟实施幼儿英语游戏活动

1. 请根据以下游戏案例，模拟组织一次完整的幼儿英语游戏活动。

扫码观看游戏活动视频“Who is Speaking”

活动名称	Guessing Game: Who is Speaking?	活动班级	各年龄段
活动目标	1. 能在游戏情景中熟练运用问句“What can you see?”和“Who's speaking?”，并作出相应的回答 2. 通过听声音辨认同伴，体验到仔细倾听的重要性		
活动准备	语言准备	会说“What can you see?”和“Who's speaking?”句型，会说游戏中所用到的单词	
	经验准备	有听声音猜同伴的游戏经验	
	物质准备	图片若干，眼罩1个，帽子1顶	
活动过程	游戏热身	1. Greeting Sing the song “Good Morning”. 2. Revision Play a game: “Wolf Card”.（通过狼卡游戏，复习所学单词） T: Let's play a game—Wolf Card. Answer my question and follow me. When you see the wolf card, you must go back to your seats quickly, or the wolf will eat you! T: What's this? Ss: Apple. T: Yes. One step forward.	

续表

<table>
<tr><td rowspan="3">活动过程</td><td>游戏规则示范</td><td>游戏玩法：幼儿围圈而坐，其中一个幼儿拿着卡片，戴上眼罩，发出“Passing down.”的命令，幼儿依次传送帽子。蒙眼睛的幼儿随时喊“stop”，随意抽一张卡片问“What can you see?”，手里拿着帽子的幼儿根据卡片内容用“I can see...”进行作答。然后所有幼儿一起问蒙眼幼儿：“Who’s speaking?”蒙眼幼儿听声音猜回答问题的人是谁，若猜对，则由回答问题的人蒙眼问问题，其他幼儿传递帽子；若猜错，蒙眼的幼儿不变，继续游戏。游戏循环进行。
规则演示：
主教与助教和幼儿一起围圈而坐，注意让助教坐在身边。
T1：（教师戴上眼罩）I can not see you，but I can hear you. Now，let’s play the game—who is speaking? Pass the hat.
（开始游戏，有意识让帽子停在助教手上，和助教一起演示游戏过程。）
T1：What can you see?
T2：I can see xxxx.
Ss：Who’s speaking?
T1：Miss Li.（助教名字）</td></tr>
<tr><td>教师引导游戏</td><td>由助教教师戴上眼罩，发出“Passing down.”的命令，幼儿依次传送帽子。在听到“Stop”口令时拿到帽子的幼儿根据助教教师出示的图片回答问题“What can you see?”，该幼儿答“I can see...”。主教老师引导所有幼儿一起问：“Who’s speaking?”
助教老师作答。</td></tr>
<tr><td>幼儿自主游戏</td><td>由被猜中名字的幼儿开始游戏，教师不再进行提示，幼儿自主重复游戏步骤</td></tr>
<tr><td>教学反思</td><td colspan="2">1. 由老师做第一个示范
2. 幼儿第一次参与游戏老师可适当提醒
3. 熟悉游戏后，可刻意改变声音，增加猜测难度
4. 教师的语言表达要清晰易懂，让幼儿听懂并乐意按指令去做，从而给幼儿提供一个良好的语言环境</td></tr>
<tr><td>教学评析</td><td colspan="2">本次活动运用游戏，让幼儿在玩中进行了所学内容的练习，并做到在实际中进行应用，不仅增加了幼儿学习英语的兴趣，也更好地寓教于乐</td></tr>
</table>

工作反馈与自评：

（每项内容的分值建议用 5 分制表示，5 分为满分，如有不足依次递减。）

项目	小组组员反馈	旁观同学反馈	自我评价
对活动内容的把握			
活动设计			
活动过程模拟实施			
活动效果			
工作态度			
改进措施：			

（项目具体内容请参考附录四：表 3：幼儿英语教育活动设计与组织评价表）

任务十：

幼儿英语儿歌活动设计与组织

任务介绍：

儿歌活动在五大领域活动中大多属于艺术活动和语言活动，重在歌词的理解、韵律的欣赏和韵律节拍的学习。而在英语教育活动中，英语儿歌是辅助语言学习的工具，更注重对儿歌英语语言内容的理解以及重点句型的应用。活动的设计可以借助艺术领域以及其他领域的活动方式，但是重点还是帮助幼儿记忆语言内容并应用在交际情景中。

通过完成本项任务的学习与实训，你将了解幼儿英语儿歌活动设计与组织的基本步骤，懂得如何进行幼儿英语儿歌活动设计。

知识链接：

如何设计与组织幼儿英语儿歌活动?

案例导入：

今天 Linda 老师要给孩子们开展儿歌活动“Two Little Black Birds”，她打算按照自己学过的幼儿英语教育活动的基本步骤来尝试设计本次儿歌活动。但在设计呈现环节的时候，她有一点困惑，不知道该如何去进行儿歌的呈现，在听说活动环节也不知道该设计什么样的活动更加合适。

问题聚焦：

儿歌内容丰富，知识点较多，这就需要教师充分了解并分析幼儿已有的学习经验，对英语儿歌活动进行合理的规划，明确活动的重点和难点，才能更好地进行活动设计。

因此，在这部分的学习过程中，请思考以下问题：

1. 幼儿英语儿歌教学活动如何准备?
2. 幼儿英语儿歌活动的设计及组织步骤有哪些?

一、幼儿英语儿歌教学活动的准备

(一)熟悉儿歌，分析儿歌内容

首先，教师必须熟悉儿歌，反复练习，熟练背唱，并通过各种形象生动的表情、动作表现儿歌的情感和内容。其次，教师要学会分析儿歌表达的主题和教育意义，在儿歌表达的主题上可以分为社会交往、自我认知、自然环境、节庆文化等类别。如儿歌“Jack and Jill”体现了幼儿之间的团结合作精神，“You Are My Sunshine”则让幼儿学会如何表达爱。再次，教师需要掌握儿歌的节奏韵律。最后，教师还要掌握儿歌的重点和难点，善于利用图片、实物、PPT、动画视频等不同形式的教具及教学手段，帮助幼儿理解儿歌的内容。

(二)语音准备

教师在儿歌活动前，需要提前注意儿歌的发音、语调，以保证自己的语音语调准确，为幼儿提供正确标准的范本。

(三)环境创设

教师可以根据儿歌内容，利用实物、图片、适宜的教具、墙饰等丰富的环境材料，创设儿歌学习环境。

二、幼儿英语儿歌活动设计

(一)幼儿英语儿歌活动的学习内容规划

1. 英语儿歌中语言学习重点的确定

儿歌作为文学体裁的一种，所包含的语言信息是多样的。如果一个语言活动没有语言学习的重点，那么教师在设置活动目标时就容易失去方向，偏离语言学习的轨道，通过英语儿歌来训练语言的目的就无法完成。

对于儿歌新授课，一般来说，把儿歌中语言重复最多的句式作为语言学习的重点是比较合理的。因为重复次数多的句式相对占儿歌内容的篇幅较多，孩子能理解重复的句式，就基本能理解整首儿歌的大意。如儿歌“Two Little Black Birds”。

Two Little Black Birds

Two little black birds sitting on a hill,
One named Jack, and one named Jill,
Fly away Jack,
Fly away Jill,
Come back Jack,
Come back Jill.

这首儿歌中的内容按主题来分，就有数字、颜色、动物、动作、名字等，但是我们不难看出表示动作的短语重复较为规律、工整，因此把“fly away”和“come back”作为需要重点突破的语言点，并围绕这个重点设计系列活动，教师的活动设计思路会更清晰，孩子也更容易理解歌词的大意。

2. 英语儿歌活动拓展与延伸活动建议

(1)在日常生活中经常播放和使用儿歌

重复是语言教学的重要原则，也是克服遗忘的一种有效做法，因此教师要善于把孩子所接触过的语言材料经常重复。教师可以多环节播放和使用儿歌，如在孩子休息时播放英文摇篮曲，在户外活动时播放节奏欢快的儿歌，在排队时使用排队歌，洗手时使用洗手歌，在活动热身时复习儿歌，等等。

(2)引导孩子对儿歌进行改编

孩子对儿歌熟悉了之后，教师可以引导孩子对儿歌进行词汇替换或句型替换，通过对儿歌进行改编，可以使孩子进一步理解歌谣中的重点句型，也可以使孩子把旧的知识复用、活用起来。

(3)注意把儿歌中语言的学习重点还原到生活中

会唱英语儿歌并不等于会说英语。教师要注意开展活动把儿歌中生活常用的句型、词汇挑出来进行口语的拓展练习，使孩子把歌谣中的语言应用于生活，并在日常生活中进行反复渗透。

(4)注意儿歌教育意义挖掘

首先可以从教育寓意的延伸入手。有的儿歌本身就具有一定的教育寓意，如歌谣"Five Little Monkeys"里描述的猴子在床上蹦跳，然后摔倒受伤了。在学习理解了歌谣后，教师可以引导孩子讨论活动安全的问题。而学习歌曲"Friend"后，可以和孩子们讨论交朋友的问题，等等。

其次要关注中西传统文化的对比和正确引导。有些儿歌本身就具有鲜明的英语国家的文化特色。如"Jingle Bells""We Wish You Christmas"，这两首是圣诞节歌曲，教师在组织儿歌活动的时候就不能只是局限于对歌词的理解和歌曲的掌握上，而应该通过活动的组织引导孩子对圣诞节日的起源、习俗以及正向价值观进行观察和总结，让孩子理解语言所承载的更多信息。同时还可以引导幼儿对中西传统文化内涵进行对比，寻找共同的正向价值观。如圣诞节中的家人团圆习俗可以和我国的中秋节以及春节中的团圆习俗联结，给幼儿传递和谐、友爱的正向能量。

(二)幼儿英语儿歌活动组织步骤设计

1. 热身活动(Warming Up)

热身活动有助于激发幼儿的兴奋点，使幼儿把注意力集中到活动内容上。热身活动可以选用节奏欢快，与教学活动内容、主题有关的幼儿熟悉的歌曲或简单的问答，也可以复习以前学过的单词和句型(这些单词和句型在新授儿歌中出现)，以此作为新授儿歌的基础，为新授儿歌降低难度，同时也为呈现儿歌做好铺垫。

儿歌热身片段：

2. 内容呈现(Presentation)

活动步骤	分析与研究
Warming up: Greeting: Sing a song "Good Morning to You". T: Wake up! Good morning, boys and girds. Let's sing a song "Good Morning to You". (边唱边与幼儿打招呼) Ss: Good morning, Miss Li. T: What's your name? (边唱边做动作，以达到课前的活动准备) S: My name is Lucy.	(1)拉近师生关系 (2)让幼儿迅速进入英语语言环境 (3)有意识地用与新内容有关的歌谣进行热身，一举两得

教师利用各种方式向幼儿呈现儿歌。这里主要介绍四种常用的儿歌呈现的方式：(1)全身反应法。教师利用自身的示范动作引导幼儿理解儿歌内容。(2)情景表演法。教师通过情景表演来呈现儿歌的主题及内容。(3)猜谜法。(4)画一画。教师画出儿歌里展现的人物、故事等。

儿歌内容呈现片段：

活动步骤	分析与研究
Presentation： 1. 出示 Peter 和 Paul 的人物卡片，认识这两个人物 T：What's this?（先后出示两只不同颜色的小鸟）What's this? Ss：Bird. T：Little birds. How many birds? Ss：Two birds. T：Two little dickybirds.（教幼儿反复说） T：Do you know their names?（幼儿回答后告诉幼儿）One named Peter.（反复教幼儿说 Peter，然后以 Peter 的口吻与幼儿打招呼）Hi，xx.（幼儿）Hi，Peter.（多次练习后教师说）Peter is a boy. （以同样的方法教幼儿认识 Paul，Paul is a girl） 2. 初步感知 sitting 的含义 T：Two little dickybirds sitting on the wall.（演示教具两次后）Boys and girls. Look at me. I'm sitting on the chair.（边说边做给幼儿看）Stand up. You are sitting on the chair.（让幼儿跟学，初步感知 sitting 的含义） 3. 情景表演，感知 fly away 和 come back 的含义 T：Look! Who is he?（配班老师带狼的头饰出现了） Ss：Wolf. T：Yes. The wolf is coming. T1：（走进教室后边模仿狼的声音边指“墙”上的两只鸟说）Two little dickybirds sitting on the wall. One named Peter，one named Paul. T：（做出很着急的样子，对着 Peter 说）Fly away，Peter! Fly away，Peter.（演示教具，Peter 听到后就飞走了，还剩下 Paul，教师用更着急的声音对 Paul 说）Fly away，Paul! Fly away Paul.（Paul 听到后就飞走了）（Wolf 看到 Peter 和 Paul 都飞走了也灰溜溜地走了） T：The wolf is leaving.（用比较小的声音说）Come back，Peter! Come back，Paul!（声音太小了，两只鸟都没听见也没飞回来，教师又用大点的声音喊）Come back，Peter! Come back，Paul!（两只鸟听见了就飞回来了）	(1) 以幼儿熟悉的东西导入新内容，以旧带新，可以驱除幼儿对新内容的恐惧感 (2) 教师试图用各种直观手段解释儿歌内容，没有作语法解释，这是对的 (3) 把儿歌的故事元素挖掘出来，并以情景游戏的情景表现出来，在理解儿歌的同时，提高幼儿的参与性和兴趣，是老师的创造性发挥

3. 听说活动(Listening and Speaking Activities)

教师组织以儿歌为教学主轴的相关听说游戏，通过听说游戏不断地重复儿歌，还可以通过分组表演或分角色表演等方式进一步巩固幼儿对儿歌的熟练程度。

儿歌听说活动片段：

活动步骤	分析与研究
Listening and speaking: 1. Listening activity T:(请男孩子到场地中间来并告诉幼儿) You are Peter. When the wolf is coming, you'll fly away. When the wolf is leaving, You'll come back.(情景反复练习，让幼儿理解 fly away 和 come back 的含义，以同样的方法教女孩子玩此游戏) 2. Say "fly away" and "come back" (1)再次进行情景表演，让幼儿自己说出 fly away 和 come back (2)边演示教具边教幼儿学说唱儿歌	(1)用情景游戏来训练幼儿的理解能力和听力，提高幼儿的参与性和积极性；但如果男孩(Peter)和女孩(Paul)能同时进行游戏效果将会更好 (2)从最简单和常用的句子开始训练幼儿说的能力 (3)完成以上大量的理解练习，再进行有节奏的语感模仿，大部分的幼儿将达到我们的预设目标：能说唱此儿歌

4. 延伸活动(Extension)

在教学实际中，可以把儿歌活动与幼儿园五大领域的活动相结合起来，使其形式多样、生动有效。如学习了儿歌"Twinkle, Twinkle, Little Star"，可以和孩子们一起画画小星星，或者数数有几颗小星星，还可以布置任务给孩子在回家之后把儿歌表演给爸爸妈妈看。

三、幼儿英语儿歌活动中应注意的问题

1. 注重幼儿对儿歌的理解。教师可以借助于图片、实物、动作等直观手段，帮助幼儿理解儿歌中的内容、重点词汇。

2. 注重创设与儿歌相应的情景。教师从物质环境和听说环境方面创设情境，让幼儿身临其境进行儿歌的表演。

3. 注重用多种教学方式调动幼儿积极性，避免机械化的跟唱。

4. 不能够追求即时的反馈效果。儿歌教学活动可以依照幼儿的具体情况分为几个活动来开展，仅在一次的教学活动后，教师不能要求幼儿即时反馈，追求立竿见影的效

果，幼儿只要做到所学儿歌朗朗上口即可。通过多次的复习和巩固，幼儿会自然掌握的。

实训项目：幼儿英语儿歌活动设计与组织

1. 请学唱以下经典英文儿歌20首。

社会交往	"The More We Get Together"	"Friends"	"Jack and Jill"	"You Are My Sunshine"	"Ten Little Indians"
自我认知	"Head, Shoulder, Knees and Toe"	"If You Are Happy"	"Clap Your Hands"	"One, Two, Buckle My Shoe"	"Where Is Thumbkin?"
自然环境	"The Bear Went over the Mountain"	"Twinkle, Twinkle, Little Star"	"Apple Tree"	"Butterfly"	"Rain, Rain, Go away"
节庆文化	"We Wish You a Merry Christmas"	"Jingle Bells"	"The Chimney"	"Five Little Pumpkins"	"Easter Bunny"

2. 这是儿歌"I Can Hear"的儿歌拓展活动方案，请根据以下具体方案模拟组织活动。

扫码观看儿歌活动视频"I Can Hear"

<table>
<tr><td colspan="2">活动名称</td><td>I Can Hear</td><td>活动班级</td><td>中班</td></tr>
<tr><td rowspan="3">活动目标</td><td>认知目标</td><td colspan="3">熟练说出各种动物的发声拟声词，并在前景下能用"What can you hear?"进行提问和作答</td></tr>
<tr><td>能力目标</td><td colspan="3">1. 能用不同的动物单词替换歌词，大声演唱歌曲，并进行动作表演
2. 能在游戏情景中，用"What can you hear?"提问，并能根据情景进行作答，进行游戏</td></tr>
<tr><td>情感目标</td><td colspan="3">喜爱参与英语游戏，喜爱大自然，爱护动物</td></tr>
</table>

续表

教学准备	经验准备	1. 已知不同动物及其对应的叫声 2. 懂得游戏“Who's Speaking”的玩法规则
	语言准备	1. 能理解问句“What can you hear?” 2. 会唱 I Can Hear 这首儿歌
	物质准备	6 张动物的卡片，6 个小房子，动物骰子一个，音响一个，眼罩一个，小棒槌一个
活动内容	重点	1. 能用不同的动物单词替换歌词，大声演唱歌曲，并进行动作表演 2. 能在游戏情景中，用“What can you hear?”提问，并能根据情景进行作答，进行游戏
	难点	能在游戏情景中，用“What can you hear?”提问，并能根据情景进行作答，进行游戏
活动过程	热身活动	1. Greeting T: Good morning, boys and girls. Hi, sunny. Hello, Lucy. How are you today? Lisa. 2. Sing the song“I Can Hear” T: Listen, what can you hear?（助教呈现乌鸦、猫头鹰、驴三种动物，呈现方式听动物发出的拟声词） Ss: Yes, I can hear the little owl, whoop-whoop-whoop. 听完三个动物的拟声词，助教播放音乐 T: Everyone stands up. Let's sing“I Can Hear”. Little crow, little crow, caw-caw-caw. I can hear the little crow, caw-caw-caw. Little owl, little owl, hoo-hoo-hoo. I can hear the little owl, whoop-whoop-whoop. Little donkey, little donkey, heehaw-heehaw-heehaw. I can hear the little donkey, heehaw-heehaw-heehaw.
	呈现活动	教师制作好 6 个房子，将动物卡片藏在房子里，助教模仿动物的叫声，主教一一呈现。 T: Look! There are so many beautiful houses. Let's listen. Who is in the house? Knock, knock, knock.（教师做敲门状） T: What can you hear? Ss: I can hear the little pig, oink-oink-oink. I can hear the little lamb, baa-baa-baa. I can hear the little dog, woof-woof-woof. I can hear the little cat, mew-mew-mew. I can hear the little cow, moo-moo-moo. I can hear the little duck, quack-quack-quack. Let's sing the song with these animals.（出示完所有动物，教师带领幼儿进行儿歌表演）

续表

<table>
<tr><td rowspan="2">活动过程</td><td>听说活动</td><td>1. Game 1：What can you hear?
主教和助教进行游戏示范
T：Now，let's play the game "What Can You Hear?"
(助教上前背对主教和幼儿，看不到主教的动作)
T：Miss Li，come to play the game with me，please.
(主教拿出骰子，抛骰子，看到朝上一面的动物要发出相应叫声，主教老师引导幼儿用"What can you hear?"提问主教，助教进行相应的回答)
T：Look！It's a dice. I'll throw the dice.
(轮到助教抛骰子，请一个幼儿上前背对其余幼儿和助教。继续重复游戏步骤。循环游戏，每次请两名幼儿上前游戏)
2. Game 2：Who's Speaking?
围成一个圈，教师戴上眼罩，抽取一张，带领幼儿进行有节奏地喊着"passing down"递传动物卡片，随时喊"Stop！"。幼儿听到"Stop！"的指令，停止传递卡片，拿到动物卡片的幼儿要发出该动物卡片的拟声词，其他幼儿提问"What can you hear?"教师用完整句型回答，其他幼儿再次提问"Who's speaking?"教师回答拿到动物卡片幼儿的名字。
T：Let's play another game，"Who's Speaking?" Do you remember how to play the game?
T：I put on my eye-shade，and I take out a card. Please pass the card one by one.
(主教可请助教一起围圈游戏，让助教坐在主教旁边，以便可以控制第一次喊"停"的时候卡片传递到助教手中，给幼儿示范游戏)
熟悉游戏玩法后，让幼儿自主游戏</td></tr>
<tr><td>结束活动</td><td>T：Wow，so many animals are here. Do you love them?
T：So in our daily life，what can you do for the animals?
(教师做出拥抱保护的动作)
T：Yes，we can give them their favorite food，feed them and protect them.
T：It's time to say goodbye，bye，bye.</td></tr>
<tr><td colspan="2">活动延伸</td><td>幼儿回家后可以和家长一起去动物园，看看不同的动物，并替换到歌曲中哼唱</td></tr>
<tr><td colspan="2">教学反思</td><td>1. 教师需要确保幼儿已经对本首歌曲足够熟悉，才能顺利开展本次活动
2. 教师需要在每个环节都进行教师演示，让幼儿更直观地明白本环节需要做什么，如何做
3. 教师的语言表达要清晰易懂，让幼儿听懂并乐意按指令去做，从而给幼儿提供一个良好的语言环境</td></tr>
</table>

续表

教学评价	这是一个英语儿歌的拓展活动。本次课将引导幼儿对歌曲进行改编，替换不同的动物进入歌曲中，让幼儿不仅能够进一步熟悉本首歌曲，还能把已学的动物及对应的叫声进行加深巩固运用。同时运用不同的游戏，让幼儿在游戏中自然而然地进行了语言操练和应用

3. 尝试设计儿歌“I Can Hear”的新授课活动方案，并模拟组织开展活动。

工作反馈与自评：

（每项内容的分值建议用5分制表示，5分为满分，如有不足依次递减。）

项目	小组组员反馈	旁观同学反馈	自我评价
对活动内容的把握			
活动设计			
活动过程模拟实施			
活动效果			
工作态度			
改进措施：			

（项目具体内容请参考附录四：表3：幼儿英语教育活动设计与组织评价表）

任务十一：

幼儿英语故事活动组织与实施

任务介绍：

孩子们天生就喜欢故事，故事活动对儿童的母语学习很有帮助，对于他们的英语学习同样也具有相似的效力。因此在专门性的幼儿英语教育中，幼儿英语故事活动设计与组织是常见的一种英语教育活动。

通过完成本项任务的学习与实训，你将了解常用的幼儿英语故事的特点，懂得如何选择适合幼儿的故事以及了解幼儿英语故事活动常用的教学方法，懂得如何进行幼儿英语故事活动设计。

知识链接：

如何设计与组织幼儿英语故事教学活动？

案例导入：

Linda老师这个月的教学主题是“Animals”，正好她的班级在这个月有一次家长开放观摩活动，她想结合这个月的教学主题在活动中给孩子们讲一个“The Frog Family”的故事。这个故事涉及角色多，情节简单，非常适合幼儿模仿和表演。然而这个故事涉及的语言内容很多，有家庭成员的称呼，动作的表达，还有一般过去时，Linda老师一下子不知道该如何处理、如何抓重点了。

问题聚焦：

故事语言内容丰富，但同时也复杂，因此，幼儿英语故事活动的开展同样也需要教师先了解活动的意义，然后基于幼儿的学情分析进行故事的选择，合理地规划故事活动的学习内容。很多时候故事活动是主题系列活动。

因此，在这部分的学习过程中，请思考以下问题：

1. 英语故事对幼儿发展有什么作用？
2. 如何选择合适的幼儿英语故事？
3. 如何规划、设计和组织幼儿英语故事学习活动？

儿乎每个孩子都喜欢故事，故事能让孩子们充分发挥他们丰富的想象力，预测故事的发展能让他们产生成就感，从而调动他们的学习积极性。因此为了给孩子们创设全方位的英语语言环境，让孩子们快乐、有效地习得英语，广大幼儿英语工作者除了为孩子们设计各种游戏活动、教唱英文歌曲和歌谣外，还把英语故事引入幼儿英语教育活动中。为确保幼儿英语故事活动的顺利开展，建议做好以下几个方面的工作：

一、了解英语故事对幼儿发展的作用

故事活动对儿童的母语学习很有帮助，对于他们的英语学习同样也具有相似的效

力。通过故事学习英语有着许多的作用：

1. 引人入胜的故事能够激发幼儿的学习兴趣，解决了学习动机的问题；故事中许多词语既自然，又令人愉快的重复出现则解决了语言方面的困难。

2. 有目的地去倾听故事的内容，听懂了就会有满足感，并有兴趣去进一步提高理解故事的能力。

3. 为幼儿提供了良好的语言训练的机会，提供多种途径发展幼儿的语言及其他能力。

4. 故事能整合相关的学习内容，使幼儿熟悉各项语言内容和句子结构，帮助他们建立英语语感。

5. 有利于发展幼儿的思维、分析和表达能力，丰富了他们在地理、历史、数学、自然常识等方面的知识。

特别在英语语言学习方面，教师在故事活动中可以向幼儿展示规范、成熟的英语语言，提高幼儿对英语语言的认识敏感度；拓展幼儿的英语词汇量，培养他们自觉获取语言材料的能力；培养幼儿倾听的习惯和技能；在故事的语境和语境迁移中提高幼儿综合运用英语的能力。

但故事作为文学作品中的一个类型，内容种类繁多，要想运用它有效地帮助幼儿学习英语，对教师本身的英语能力和组织教学能力都有一定的挑战。不少幼儿英语教师会有顾虑：老师讲的故事孩子们能听得懂吗？或者老师自己英语水平都不怎么样，能开展英语故事活动吗？这就需要做好一些相关的准备工作。

二、选好适合幼儿学习的英语故事

目前，除了幼儿园英语教材上的故事外，其他的幼儿英语故事并不难找，市面上关于幼儿英语故事的书籍很多，丰富的网络资源也给我们提供了很多很好的资料，但是关键是如何筛选出适合幼儿学习的，利于教师进行教学的故事。

教师筛选故事时，不妨从以下几个方面入手：

1. 故事应围绕着幼儿已有的学习经验来选择。

2. 选择能在一开始就吸引幼儿注意力的，能调动幼儿的学习积极性，内容简短便于幼儿理解和记忆的英文故事。

3. 选择教师自己喜欢的，并有把握能讲得好的英文故事。

4. 使用的故事中的语言应是幼儿日常能用的，并有规律、有变化地反复出现，有利于幼儿学习的日常用语。

5. 选择的故事应能为幼儿提供语境和意境，帮助幼儿发挥想象，但故事情节比较简单，可以让幼儿预测故事的发展，能让幼儿产生成就感。

6. 选择可以开展活动，含有多角色，并适合幼儿表演的故事。

下面以一个经典的、很受教师欢迎的儿童英文故事——“The Frog Family”为例，来分析上述的选择技巧。

The Frog Family

This is a story about Daddy frog, Mummy frog, Sister frog, Brother frog, and Baby frog. It was hot—very, very hot, and Daddy frog went jump, jump, jump, and sat on a leaf in the pond. Mummy frog was hot—very, very hot. So Daddy frog said, “Come here!” Mummy frog went jump, jump, jump, and sat on the leaf in the pond. Brother frog was hot—very, very hot. So Mummy frog said, “Come here!” Brother frog went jump, jump, jump, and sat on the leaf in the pond. Sister frog was hot—very, very hot. So Brother frog said, “Come here!” Sister frog went jump, jump, jump, and sat on the leaf in the pond. Baby frog was hot—very, very hot. So Sister frog said, “Come here!” Baby frog went jump, jump, jump, and sat on the leaf in the pond. And then—SPLASH—they all fell into the water!

这则故事的特点是：故事主人公是“frog”（青蛙），是孩子们最喜欢的动物之一。故事语言简单，都是孩子熟悉生活环境中的日常用语；语言通过5个“family members”（家庭成员），有规律有变化地多次重复语句，便于幼儿记忆，生动有趣；故事中每个步骤都可以用图画示意，方便幼儿理解；jump, sit, hot, come here这些词表演性强，便于幼儿模仿和表演；故事涉及角色多，可以让更多的幼儿参与故事活动中；情节简单，结果有趣并可让幼儿预测到，让幼儿有期待且有成就感，幼儿乐在其中，在活动中快乐地习得语言。因此，很多教师喜欢用这个故事。

目前市面上英文原版的故事书、绘本种类繁多，教师需要根据幼儿的实际情况结合教育的需要去认真选择，这是做好幼儿英语故事活动的第一步。

三、熟悉故事内容

有了好的故事，需要教师精彩的讲述与表演，较好地表达作品的内容，产生感染力，才能吸引幼儿，从而调动幼儿的学习积极性，以达到教学目的。

（一）教师要背熟故事

技巧建议：（1）反复把故事读或听几遍，然后试着对着录音带或你的朋友进行复述。（2）选择关键词，根据一定的联系把他们写成故事纲要，形成思维导图。（3）充分发挥自己的想象力，把故事看作一部影片，在脑海里将它重现。（4）从故事的主要人物入手，抓住主要情节。

（二）设计相应的故事表演

练习讲故事时建议教师做到：

(1)故事讲述流利，英语发音标准，吐字清晰，语言流畅，语调自然而富于变化。(2) 利用不同的节奏、声调和语气来叙述，以表现出故事中的情景和不同角色的特点；如上例故事"The Frog Family"中的故事场景是"It was hot—very, very hot"，为了更加强调"very hot"，我们可在读"very"时把第一个音节拉长。而在分角色时，可设计"Daddy frog"为声音低沉而有力，"Mummy frog" 音调稍高，温柔和蔼，"Sister frog "是小女生，斯文点，音调高，"Brother frog"是小男生，调皮点，音调稍低，让幼儿体验不同角色的语言特点。(3) 表情、眼神要丰富明朗，体态大方，并配合故事设计得体的动作和手势。动作的设计如"The Frog Family"中出现"hot"时可以用手背擦拭前额做出热的动作，出现"jump"时做出青蛙跳跃的动作，出现"sit"时做出坐下的动作，出现"come here"时做出招手示意过来的动作。

但是幼儿园英语教师有一部分是非英语专业出身的，由于没有经过专业的英语口语训练，他们往往对自己讲英文故事缺乏信心。在这种情况下教师首先要有勇于克服困难的精神，给孩子们讲故事不光对孩子们学习英语有帮助，对教师来说也是一个提高口语水平的好机会。在练习讲述故事时，教师严格把好自己的语言关，做好充分的准备；讲述故事时，孩子们被教师的表现所吸引，教师获得的成功体验增强了教师的信心和动力。这样在不断的练习和受到鼓励中，经过一段时间后，教师的英语口语水平会有一个质的飞跃。

四、做好故事内容学习的规划

选用的故事一般是英文的原版故事，有一定情节的故事一般涵盖的语言内容也会多一些，甚至有些超出了孩子的现有学习内容，而幼儿进行集体教育活动的时间比较短，短时间内容可能很难消化和理解故事的内容。这时，我们可以这样做：

1. 把英语故事中的关键词句整理出来；并决定哪些是必须掌握的，哪些是理解即可。

2. 比照幼儿的实际英语积累，挑出哪些是学过的，哪些是还没学过的？以前学过的语言知识能否和这些关键词句连接？

3. 规划好讲故事前期的语言铺垫活动，以及故事后的巩固与延伸活动。

如上面讲到的故事"The Frog Family"，如果幼儿园小班就开始英语启蒙，那么在中班的时候可以这样安排这个故事活动：

时间	Monday	Tuesday	Wednesday	Thursday	Friday
活动主题	Family Members	My Family	Song:“Finger Family”	Story: “ The Frog Family”	Art: Make a Origami Jumping Frog and Act out the Story
内容	新授: father, mother, grandpa, grandma, this is my ×××.	巩固: father, mother, baby, this is my ×××. 新授: brother, sister	巩固: father, mother, baby, brother, sister —where are you? —Here I am. 新授: finger, Song: “Finger Family”	新授: frog Story: “ The Frog Family” 巩固: Song: “Finger Family”	巩固: Story “ The Frog Family”
环节渗透	接园, 离园: —Who's this? —This is my ×××.		排队等候慢的孩子时,可用孩子的名字替换歌词。	各环节: “ Come here.”	把折好的青蛙放在区角的表演区,让孩子们可以自由表演故事

五、设计好讲故事活动

我们选择故事教学并不意味着抛弃有趣的游戏活动，而是要把故事内容与游戏活动结合，这是幼儿能快乐地参与其中的关键。为了让幼儿易于理解和掌握，教师需做好故事铺垫工作，设计好讲故事时的活动，和故事的延伸活动。

（一）设计故事活动时需要做的一些决定和思考

1. 决定以故事为中心来开展教学活动的目的是让幼儿学习语言结构、词汇、语音，还是训练听力能力、复述能力，或是其他目的。

2. 决定怎样使幼儿把注意力集中到故事内容上并全力投入围绕其开展的活动中去。

3. 决定哪些语言项目幼儿必须理解，哪些必须学会使用。

4. 考虑整个活动作为幼儿的一次经历，是否整合了多种学习方法，如肢体表演、绘画、音乐等。

5. 需要教师根据自己班幼儿的英语基础，适当地划分故事活动的课时。

6. 考虑课堂节奏要有张有弛，主动和被动的活动要平衡。

(二)幼儿英语故事活动设计技巧

1. 活动方案设计与活动参考

故事活动和其他活动一样可以分为 Warming Up，Presentation，Listening and Speaking Activities，Ending Activities 这四个步骤。具体每个步骤根据故事的特点设计建议如下：

课型	新授故事课
活动目标	能听懂故事并作出相应动作反应 能在故事相应的活动中正确说出故事中重复的关键语句，发音基本清晰、准确 能用相应的情绪和语气说出故事重复关键词句，体会故事中角色的感受
活动准备	活动地点布置相应的故事环境 常用的道具有绘本地板书、挂图、图片、拼图、木偶、指偶、头饰、多媒体动画、各种电化教具等，教师可根据活动需要选择类型进行准备

活动步骤	常用活动	设计建议	活动目的
Warming-up	1. Greeting 2. Sing a Song 3. Revision	在这个环节中建议：(1)儿歌选用学过的和故事主题或内容相关的歌曲或歌谣；(2)Revision 主要是把故事中已学过的词或句子复习一下，用常用游戏的方式进行	集中幼儿注意力，唤醒幼儿相关的语言知识，调动幼儿的积极情绪，为活动的顺利开展做好准备
Presentation	1. Lead in the Story	设计与故事主题、角色、情节相关的问题或活动，导入故事主题或导入故事中的新词、关键词、关键句。故事导入的方法有：问问题、问题讨论、故事情节预测、看动画、音乐导入等。主要活动有：(1)看图片或标题来猜测故事内容；(2)看图片，围绕故事的标题或主题讲一讲图片内容；(3)通过猜实物来引出故事；(4)从幼儿自身的经历和感受出发就故事的主题展开讨论；(5)教师用母语或英语介绍故事梗概；(6)教师先讲述故事的大意，让幼儿画出关键图，然后再由幼儿照图猜测故事的内容	故事的导入主要是集中故事主题，激活幼儿与故事主题、主角、情节相关的经验，为幼儿能整体听懂故事扫除障碍

续表

活动步骤	常用活动	设计建议	活动目的
	2. Tell the Story	可以边讲故事边做的活动： (1)听故事做动作 ①教师事先出示挂图，要求幼儿听到有关的图片时指出该图； ②让幼儿将图片按情节发展排出先后次序； ③让幼儿根据故事内容画图或着色 (2)听故事时的口头反应： ①教师在适当的地方停下来提问，启发幼儿猜测故事将如何发展，幼儿可用英语或母语回答； ②在讲故事过程中时不时停下来问幼儿的感受，或问幼儿在相同的情景中会怎么做； ③让幼儿讲出重复过多次的词或句子，或模仿各种声音	幼儿的自制力不强，注意力短暂，无意注意占主导地位，相关的互动活动能吸引幼儿的注意，也能及时检验幼儿对故事的理解程度，从而调整活动进度
Listening and Speaking Activities	1. Listen and Do 2. Act It out 3. Retell/Revise the Story	听完故事后的活动： (1)将打乱次序的图片重新排列； (2)回答教师的问题或相互问答； (3)让幼儿看图回忆故事，并说出自己印象最深的一幅图的内容； (4)将有关故事的图片按顺序排放在地上，让幼儿依次站在图片旁，按顺序复述故事内容；或让部分幼儿从第一张开始，一张张走下去，复述故事的全部内容； (5)分角色表演故事，并录像或录音； (6)每个幼儿负责一页，集体创造一本故事书； (7)接力复述故事； (8)续编故事； (9)为故事配乐，包括打击乐或哼唱； (10)让部分幼儿在全班小朋友面前将故事表演出来	巩固和熟悉故事内容，特别是熟悉故事中的关键词句，为以后的日常应用打好基础

续表

活动步骤	常用活动	设计建议	活动目的
End	1. Review the Story 2. Variation	这个环节的活动应是集体的故事回顾活动，如回顾故事的名称、作者和主要情节等。然后设计与故事相关的一些亲子活动或直接交代孩子们去休息准备下一个日常环节活动	再次巩固故事主要内容，安排孩子做好下一个日常环节的活动准备

2. 在教师讲述故事的时候，处理生词的方法：

(1)用事先准备好的图片或当场勾出的简笔画来帮助理解。

(2)用实物来加强效果。

(3)用动作表演来介绍或解释生词。

(4)利用上下文的联系来解释词语。

(5)直截了当地借助母语翻译来解释词语。

(三)挖掘与延伸故事的教育意义，提升幼儿英语教育活动的教育价值

幼儿英语故事富含情景性的交际语言，很多英美原版的故事都被选择作为故事活动的内容，但故事同时承载着文化与思想。如果只强调用故事来训练语言表达的技能，而忽略故事背后的文化与思想意识形态，那么对于是非辨别能力还未形成的幼儿而言，对其正确的文化价值观的形成无疑是一种危险。

如何挖掘与延伸故事的教育意义？可以从以下几方面入手：(1)从故事的主题和内容本身入手，如故事“The Frog Family”本身就是关于家庭的主题，家庭和睦，我爱我家，这是一种共通的价值观。(2) 从社会主义核心价值观中去寻找灵感。如“和谐”是我们社会主义核心价值观之一，和谐提倡的是社会的和谐，世界的和谐，人与自然的和谐。常用原版绘本“Brown Bear，Brown Bear，What Do You See?”语言内容简单，只是句式的重复，但是孩子们看到大量动物出现时非常兴奋，这是一种热爱自然的表现，可以引导幼儿体验人与自然和谐的重要性。(3)通过对故事结局的改编，让幼儿用表演的方式去体验。如“The Frog Family”的结尾，所有青蛙都掉进水里了，那么教师可以引导幼儿猜想后面会发生什么？比如大家一起再游上去，但是小青蛙游得很慢，通过大家一起喊加油口号，给他鼓励，最后自己奋力游了起来。这便可以引申到“友善”与“自强”。结尾改编的语言不宜太多，着重于已学交际语的应用，用表演的形式让幼儿体验和体会教育的意义。

六、做好英语故事的日常生活渗透活动

在日常生活中，教师应尽力帮助幼儿将故事中的日常用语和在故事中得到的有益体验生活化，变为幼儿生活常规的一部分。如在阅读区中设置英文绘本区，把已学的和适合孩子拓展阅读的英文绘本放在该区域，让孩子在休息的时候可以自由翻阅。

一个英语故事的学习只是一个开始，语言具有社会性和交际性，能复述或能背诵一则故事并不代表幼儿真正理解了这则故事的语言和内涵，能把故事中的语言用在生活中与人交流，把故事中丰富的社会内涵和寓意融入幼儿的日常行为和交际中，这才是我们英语故事教学的主要目的。

因此，教师除了上好课，在日常生活渗透中还要注意几点：

1. 把故事中的交际用语逐渐加入幼儿的常规用语，对幼儿进行更多的语言输入，为幼儿的说做准备。

2. 在对幼儿进行行为规范教育时适当引入故事。

3. 和家长及时沟通，做好家园共育。

只有做好了日常生活渗透，才能使幼儿英语学习的内容得以积累和延伸，真正应用到实际的生活中，还原英语作为沟通交流工具、思维载体的语言本质。

实训项目： 设计并模拟组织实施幼儿英语故事活动

1. 请自行挑选 5 个适合英语启蒙阶段的英语故事或绘本，并熟练讲演出来。（参考书单见附录三，（三）幼儿英语绘本书单参考）

2. 请根据以下活动方案，模拟组织活动。

扫码观看故事活动视频“Pull the Turnip”

活动名称	Pull the Turnip	活动班级	中班
活动目标	认知目标	能够对故事内容产生兴趣，能理解故事内容，在游戏活动中，能边听故事做相应的肢体表演	
	能力目标	听懂故事内容并作出正确的动作表演；在教师的提示下，能说出故事中重复出现的语句	
	情感目标	能积极参与故事游戏活动，并在故事游戏活动中体会到团结的重要性	

续表

活动准备	语言准备	Sunday, Monday, Tuesday, Wednesday, Thursday, Friday, Saturday
	经验准备	参与过英语故事活动，有一定的英语听、辨、理解能力
	物质准备	星期小火车、7天从种子到大萝卜的卡片、白萝卜头套、锄头、大白萝卜
活动内容	重点	幼儿对于故事内容的理解
	难点	幼儿对于故事内容的理解以及对团结力量大的体会
活动过程	热身环节	1. Greetings: Say "Hello" to child. T: Good morning, boys and girls. Hello ×××. 2. Revision: Days of a Week 播放火车行驶和汽笛的鸣声 T: Listen, who is coming? (出示火车) A train! It's a week train. Sunday, Monday, Tuesday, Wednesday, Thursday, Friday, Saturday. How many days in a week? 7 days.
	内容呈现	1. Lead in the story 教师事先准备好故事所需要的道具：种子、锄头、水壶、包着白萝卜道具的纸袋、在星期火车上从星期天到星期六贴上慢慢变大的白萝卜 T: What's in the bottle? Seeds! How to plant the seeds? T: Look, what is it? (拿出锄头) A hoe! Let's plant, plant, plant. (做锄地和播种的动作) Then water the seeds. (做浇水的动作) (将包有白萝卜道具的纸袋放在地上，模拟种植的动作以及浇水的动作) T: Look! What's this? (将纸袋打开，拿出白萝卜道具) A turnip! And it's a big turnip. 2. Tell the story The story is about the big turnip. A farmer went to the garden and planted the seed in the garden. (教师扮演农夫做相应的动作) On Sunday, it grew bigger. On Monday, it grew bigger. On Tuesday, it grew bigger. On Wednesday, it grew bigger. On Thursday, it grew bigger. On Friday, it grew bigger. On Saturday, it's very very big. (教师一边说，一边将火车车厢上的星期撕下，露出每天白萝卜生长的不同模样) Then, the farmer had a very big turnip.

续表

<table>
<tr><td rowspan="3"></td><td>听说活动</td><td>1. Act it out
本次由两名教师配合，将故事进行演绎。
T1：Now，I am the farmer.
T2：I am the turnip.
（教师 1 重复故事，教师 2 根据故事的内容做动作表演）
T2：Wow，it's so big.（结尾处教师 1 要演出无法将教师 2 扮演的白萝卜拉出来的情景）
2. Role play.
第一遍先由教师扮演农夫，幼儿扮演萝卜；第二遍及之后再由幼儿扮演农夫和萝卜，教师负责旁白并注意在说到重复的语句时，提示幼儿说出句子
T：Who wants to be the turnip?
S：Let me try.
T：Come here please.（给幼儿戴上白萝卜头套，请幼儿上来扮演白萝卜，教师扮演 farmer，进行故事表演）
教师一边重复故事，一边与幼儿进行故事表演。先 1 个，再到多个幼儿
T：I am so tired. I want to drink some water. Do you want to drink some water?
S：Yes！
T：OK，say bye-bye.</td></tr>
<tr><td>结束活动</td><td>T：I am so tired. The turnip is so big！ How can we pull it out?
S：用锄头挖/请朋友来帮忙……
T：Yes！We can invite our friends to help us. When unite together，we can have more power. We'll try tomorrow.
T：OK. Bye-bye，everyone.</td></tr>
<tr><td>延伸</td><td>请幼儿回家与家长一起表演这个故事</td></tr>
<tr><td>教学反思</td><td colspan="2">1. 教师在第一遍的故事引入中，一定要将教具连贯使用，以免出现断节导致课堂管理失控。2. 两名教师表演时，扮演农民的老师要带好锄头，扮演白萝卜的老师要戴好头套，形象生动地创设情境。3. 教师的语言表达要清晰易懂，让幼儿听懂并乐意按指令去做，从而给幼儿提供一个良好的语言环境</td></tr>
<tr><td>教学评析</td><td colspan="2">本次绘本课多次重复地创设了情境，从道具使用讲述，到教师演绎，最后到师生共同进行角色扮演，不断地在情境中重复此故事，让幼儿得到很好的听、辨、认知的训练，最终达到了活动目标</td></tr>
</table>

3. 请自选故事，设计一个幼儿英语故事新授课活动方案并模拟组织活动。

工作反馈与自评：

（每项内容的分值建议用 5 分制表示，5 分为满分，如有不足依次递减。）

项目	小组组员反馈	旁观同学反馈	自我评价
对活动内容的把握			
活动设计			
活动过程模拟实施			
活动效果			
工作态度			
改进措施：			

（项目具体内容请参考附录四：表 3：幼儿英语教育活动设计与组织评价表）

任务十二:

幼儿英语主题教育活动设计与组织

任务介绍:

主题教育活动是幼儿园的一种主要课程模式。在开展英语教育的幼儿园中，以主题的形式编排幼儿英语学习内容和开展系列教育活动是一种有效的幼儿英语教育途径。幼儿英语主题活动通常围绕一个主题如“My Body”，将相关语言内容，结合英语听、说、用的技能培养需求，用多种形式，如儿歌、故事以及不同领域的活动进行合理的设计和编排，形成主题活动计划，再设计相应的活动方案。

通过完成本项任务的学习与实训，你将了解常见的幼儿英语主题分类，了解幼儿英语主题活动设计策略，懂得如何进行幼儿英语主题活动计划设计。

知识链接：

如何设计与组织幼儿英语主题活动？

案例导入：

在孩子们的眼中，世界是五颜六色的，斑斓的色彩装点着我们的生活。这个月班级五大领域的活动主题是“多彩的春天”，而Linda负责的英语活动正好上到了“Colors”这个单元，经过小班上学期的学习，Linda所带的孩子对生活中的基本色彩已经有一定的认知，Linda老师灵机一动，想道：三原色混合的不同变化这个科学领域的活动能不能用英语来上呢？Linda老师想到并尝试去做了，活动开展得很成功，这给了她很大的鼓舞，开始探讨如何更好地设计和规划英语主题活动，使之与五大领域主题活动相互融合、相互促进。

问题聚焦：

英语与五大领域主题活动的相互渗透、互相融合是幼儿英语教育的重要方式，这需要教师熟悉幼儿五大领域的学习内容和英语学习内容，敢于突破教材的规划，根据实际选取和重新规划主题活动的学习内容，进行相应的活动设计。

因此，在这部分的学习过程中，请思考以下问题：

1. 开展幼儿英语主题活动有哪些意义？
2. 常见的幼儿英语主题有哪些？
3. 幼儿英语主题教育活动设计要如何开展？

幼儿园教育活动大多以主题活动的形式开展。主题活动形式多样，能把幼儿五大领域的学习内容通过多样的活动形式进行学习、练习，使之生活化、社会化。

一、开展幼儿英语主题活动的意义

（一）易于更好地全方位创设幼儿园的中英双语环境

开展专门性幼儿英语教育，以主题活动的形式来展开，更容易将幼儿英语学习的内容与个体发展需要相结合，把渗透性的英语教育活动与专门性的英语教育活动综合起来，多角度围绕主题英语学习内容进行听、说活动，全面营造中英双语环境。

(二)幼儿能力可以在英语主题活动中多方面发展

幼儿英语主题活动还能打破各学习领域之间的界限，以英语这一主要学习内容为中心，将五大领域活动形式、经验结合在一起，以共同实现主题活动目标为宗旨而开展主题教育活动，使得幼儿各方面能力得到巩固和发展。

二、常见的幼儿英语主题分类与选材来源

常见的幼儿英语主题活动分类大体分为以下几类：

1. 与“幼儿自身”相关的主题，如“My Body”“My Feeling”“My Family”“My Daily Life”“My Journey”等。幼儿对自身感兴趣，教师向幼儿传递有关其自身的英语信息有利于加深幼儿对自己的认识，增强幼儿的自尊心和自信心，促使幼儿想说、敢说、喜欢说英语。

2. 与幼儿生活情景相关的主题，如直接以生活场景为主题的“In the Kindergarten”“At the Supermarket”“At the Zoo”“In the Park”，以生活经常接触的内容为主题的“Vehicles”“Numbers”“Clothes”等，把幼儿熟悉的生活情景融入英语，能使英语更生活化、情景化。

3. 与季节相关的主题，如把四季作为主题的“Spring”“Summer”“Autumn”“Winter”，以及谈论季节为主题的“My Favorite Season”，与假期生活相关的主题“My Summer/Winter Holiday”，还有与季节特点相关的主题“Colour”“Fruits”“Weather”等。

4. 与节日相关的主题，如中国传统节日“Spring Festival”“Lantern Festival”“Dragon Festival”“The Mid-Autumn Festival”，西方传统节日“Easter Day”“Thanksgiving Day”“Christmas Day”等，与节日相关的“I Love China”(国庆节)、“I Like My Teacher”(教师节)、“I Love My Mother/ Father”(母亲节、父亲节)等。

5. 以幼儿感兴趣的内容为主题，这种主题常来源于畅销童书、卡通剧或卡通电影，如“Harry Potter”“Pepper Pig”“Mulan”等。

三、幼儿英语主题教育活动设计注意要点

(一)主题内容安排要科学合理

1. 注意衔接与前后呼应

语言能力的提高不仅是词、句的增加，而且是原有词、句运用整合能力的提高，这

就需要我们进行主题内容安排时注意内容梯度的变化应是一种螺旋式的递进模式，即后面的知识和认知要极力在前面的知识和认知的基础上进行递进。如以下小班英语主题“My Body”的内容安排：

小班主题活动“My Body”

主题	课时	学习内容安排
My Body	Lesson 1 Eyes，Ears，Nose，Mouth	学习五官部位：眼睛、耳朵、鼻子、嘴巴的英文名称
	Lesson 2 My Body	1. 复习巩固五官部位：眼睛、耳朵、鼻子、嘴巴的英文名称 2. 学习身体部位：头、肩、膝、脚趾的英文名称
	Lesson 3 Song：Head and Shoulders，Knees and Toes	学习歌曲“Head and Shoulders，Knees and Toes”

（以上案例选自崔海燕：《幼儿英语教育活动指导与实训》，上海：复旦大学出版社，2020 年 12 月第 1 版）

以上案例中先开始学习关于五官部位的词，第二个内容是第一个内容的综合巩固，加上身体部位的单词，第三个内容是歌曲，是前两个学习内容的综合。内容衔接自然，前后呼应。

2. 根据孩子的认知能力去安排语言内容的量

主题活动下每个活动的量不宜过多，以小班为例，每个主题小活动中新授的词一般 3 个左右，而中、大班的每次新授词量一般为 5 个左右。每个课时内容安排可以新词加已学句型，或新句型加已学词，进行合理地新旧结合，让孩子的英语语言知识如滚雪球一样，滚动前进的同时，不断变大。

（二）注意与五大领域活动相结合

1. 英语主题活动内容设计融入五大领域课程内容

通常情况下，双语幼儿园中的英语教材和中文五大领域的教材是分开的，如果英语主题活动的内容学习形式能结合幼儿在中文五大领域中相关经验进行编排设计，那么幼儿在学习英语语言的同时五大领域的内容可以再次得到巩固和提高。如以下大班英语主题活动“Transportation”的内容安排中，我们可以在活动形式上涵盖其他领域活动内容。

大班“Transportation”英语主题活动内容安排表：

主题	课时	学习内容安排	涵盖领域
Transportation	Lesson 1 Traffic Lights	学习单词 red light，yellow light，green light，go，wait，stop 理解并能唱出歌谣“Traffic Lights”	社会领域：了解红绿灯的交通规则
	Lesson 2 License Plate	复习数字 1—10 的英语表达，能用英语流利地说出不同的车牌号 学习单词“License Plate”(车牌)，能用英文说出“My license plate is…”	科学领域：了解数字在车牌中的应用
	Lesson 3 Vehicles	知道 train，helicopter，ship 的含义，并能正确发音 能听懂问句“What can you see on the road/in the sky/in the sea?”，用句式“I can see… on the road/in the sky/in the sea”做出完整的回答	社会领域：了解在陆地、海洋、天空中形式不同的交通工具
	Lesson 4 The Fire Engine Is From the Fire Station	知道 police station，police car，fire，fire station，fire engine 的含义及发音 能用句子“The police car is from the police station. The fire engine is from the fire staion.”在游戏中交流运用	科学领域：了解不同的交通工具适用于不同区域

（此案例选自崔海燕：《幼儿英语教育活动指导与实训》，上海：复旦大学出版社，2020 年 12 月第 1 版）

2. 英语主题活动与幼儿园五大领域中文课程相配合

不论是中文还是英文的幼儿园主题活动教材所选用的主题和内容大多选自日常生活，不可避免有重合的地方，这时教师能再把英语主题内容与中文五大领域内容相结合，那么幼儿能力发展的整体效果会更好。如下面的案例：

时间	星期一 Monday	星期二 Tuesday	星期三 Wednesday	星期四 Thursday	星期五 Friday
英语活动	Lesson Topic： Greeting Words：morning，afternoon，evening. Conversations： How are you this morning? I'm fine，thank you. And you? What's your name? My name is Max.	Lesson Topic： Animals Words： Ducklings Puppies Kittens Chicks Conversations： How are you this morning? I'm fine，thank you. And you? What's your name? My name is Max.	Lesson Topic： Numbers：1—10 Conversations： How many ducklings are there? There are 9 ducklings.	Lesson Topic： Numbers：1—10 Conversations： How many ducklings/Puppies/Kittens/Chicks are there? There are 9 ducklings/Puppies/Kittens/Chicks.	Lesson Topic： Song：Ten little Indian boys Conversations： How are you this morning? What's your name? How old are you? What can you do? How many Indian boys are there? There are 10 Indian boys.
五大领域活动	语言领域 《小女巫交朋友》 目标： 理解故事内容，学习一些交朋友时常用的礼貌用语。萌发用礼貌用语和朋友交往的意识	数学领域 《10 以内的点数》 目标：感知 10 以内物品的数量。能够用多种点数方法正确点数 10 以内物品的数量，并说出总数，做到不多数、不漏数	艺术领域 《好朋友，行个礼》 目标： 理解歌曲内容，感受歌曲欢快的旋律。乐于与同伴进行音乐游戏，体验与同伴交往的快乐	健康领域 《找朋友》 目标：练习排队绕圈慢跑的动作。能根据游戏口令迅速反应，找到相应数量的朋友	社会领域 《大手牵小手》 目标：孩子们也在感受着自己在成长中的喜悦，体验着作为中班哥哥姐姐的自豪感
中英活动的结合点	中英活动互相促进问候礼貌用语	在学习新词时，英语活动巩固问候礼貌用语	英语活动根据周二的 1—10 的英文数数数学活动进行拓展	中英活动相互配合，巩固幼儿对 1—10 数量的概念	利用英文儿歌活动巩固问候礼貌用语和加强英文数数的巩固练习，同时和中文的社会领域活动《大手牵小手》相互配合

（此案例由广州市黄埔区中大附属万科城外语幼儿园郑璇君 Abby，韦柳云 Lisa 提供）

（三）主题活动要注意挖掘教育意义，同时把握英语文化接触的尺度，着重弘扬中华民族优秀文化

幼儿英语主题活动需要根据《3—6岁儿童学习与发展指南》的要求涵盖五大领域的培养目标，如常规的教育意义，如人与自然和谐，行为习惯培养，爱国爱家乡情怀等。此外，幼儿英语教育中，不可避免会有英语语言文化以及西方文化的内容，而幼儿年龄小，思想观念还没形成，正确价值观的形成需要成人的引导，这时教师需要把握内容的尺度，避免过度宣扬西方文化。如很多幼儿园对英语文化的切入往往是从大众普遍了解的节日入手，如圣诞节、复活节、感恩节、万圣节等。在西方文化中，这些常见的节日有着浓厚的宗教文化色彩，教师在进行这些节日活动内容设计时应该着重于一些普遍性知识的了解，关于这些节日的来源可通过故事了解即可，重在这些节日的表达，和节日中常见物品名称的表达，引导幼儿重点关注这些节日一些共性的节日氛围，如团圆、感恩等。

新手教师如果无法很好把握，建议可以从两个方面入手：（1）着重弘扬中华民族优秀传统文化，学习中国节日名称和一些节日活动的英文表达。西方节日和西方文化内容不单独做大型主题活动，可以在中国传统节日中切入一些共性的文化内容，如在大主题春节活动中，可以设计一个分主题活动“国外最隆重的的节日之——圣诞节”。（2）扩大文化的范围。不仅限于对英语国家文化的了解，扩大到世界范围，增强幼儿的文化包容性。如设计世界七大洲的主题活动，每个洲作为一个主题，了解各大洲和主要国家名称的英语表达，以及典型的文化活动等。

实训项目：设计并模拟实施幼儿英语主题活动方案

1. 请模拟组织以下幼儿英语主题活动，并说说这系列活动内容与活动安排有什么特点？

幼儿英语主题活动“Animals”（中班）

活动一：What do You See?

扫码观看活动一视频“What do You See”

活动名称	What do You See?	活动班级	中班
活动目标	认知目标	理解对话“What do you see? I see...”含义	
	能力目标	能够听懂并说出 bird，duck，cat，horse	
	情感目标	幼儿乐于参与英语活动，并敢于在活动中大胆地说唱	

续表

<table>
<tr><td rowspan="3">活动准备</td><td>语言准备</td><td>单词 bird，duck，cat，horse 的读音</td></tr>
<tr><td>经验准备</td><td>课前给幼儿播放过关于 animal 的歌曲“I Spy an Animal”</td></tr>
<tr><td>物质准备</td><td>手工教具、音乐、玻璃纸眼镜、玩具积木</td></tr>
<tr><td rowspan="2">活动内容</td><td>重点</td><td>理解对话“What do you see? I see...”的含义</td></tr>
<tr><td>难点</td><td>1. 能够听懂并说出 bird，duck，cat，horse
2. 能够听懂对话“What do you see? I see...”</td></tr>
<tr><td rowspan="3">活动过程</td><td>热身</td><td>Greetings：Sing a song “Walking Walking”.
T：Hello! boys and girls. Let's sing and play together.（边唱边带领幼儿一起围圈做动作）</td></tr>
<tr><td>呈现</td><td>教师出示动物图片，只露出部分五官，用猜谜儿歌“I spy...”猜动物，并复习五官的单词。
T：I spy a mouth. Whose mouth is it?
Ss：鸭子。
T：You are right，it is a duck. Duck，duck，quack，quack，quack.（教师边说边做鸭子的动作，同时模仿鸭子声音）
T：I spy a wing，whose wing is it?
Ss：小鸟。
T：Bingo. It's a bird. Bird，bird，chirp，chirp，chirp.（教师边说边做小鸟飞）
教师模仿 bird，duck，cat，horse 4 种动物的动作或叫声，带领孩子边念动物的单词，边原地走动。
Bird，bird，chirp，chirp，chirp.
Duck，duck，quack，quack，quack.
Cat，cat，meow，meow，meow.
Horse，horse，neigh，neigh，neigh.</td></tr>
<tr><td>听说活动</td><td>1. Listening activities
(1) Game1：Animals Stand Up and Jump
T：Look! So many animals. What animals are they? Cat，bird... I'll give out all the animals to you.（把动物的图片分发给幼儿）
T：Lily，what do you see?
Lily：I see a cat.
T：I have the cat card. So I quickly stand up，walk like a cat and then sit down.（教师和助教 Lily 示范游戏规则）</td></tr>
</table>

续表

活动过程	听说活动	T：Are you ready? Let's begin. Ss：What do you see? T：I see a bird. （手上拿有小鸟图片的幼儿站起来做动作） T：Now Let's get faster and faster. （2）Game2：Clapping Game T：Look! Animals are on my apron. I say，you clap. T：I see a bird. Lily，one，two，three，go. T：Thank you! Now，who wants to try? 2. Speaking activities Game：Throw the dice T：Now，I throw the dice and ask Lily，“*What do you see?*” Lily：I see a cat. T：I will jump to the cat. （教师先进行示范，然后邀请幼儿进行游戏，幼儿游戏过程中需注意幼儿的安全） T：Now，I'll invite more of you to play the game. （在地上贴上动物图卡，同时在 2 个骰子上也贴上不同的动物图卡，请幼儿提问 What do you see? 一名幼儿扔 2 个骰子，并说出其中一个动物名称，提问的幼儿需跳到对应动物的卡片上）
	结束及延伸	1. Summarize：老师带领幼儿，跟着音乐再次进行唱、玩 2. T：It's time to say goodbye! See you tomorrow!（教师带领幼儿一起唱 I see something blue 歌曲结束活动） 3. 请幼儿回家后，与父母一起唱、玩本首歌曲
教学反思	教师需要注意在邀请幼儿体验时，一定要尽量涉及更多的人数，每个幼儿体验时间不要过长；该音乐活动的游戏环节，跑跳较多，教师在授课时需要注意幼儿的安全问题；在手工环节，可以不要求幼儿唱，但要一直播放音乐，操练幼儿的听力	
教学评析	该活动通过选择适合小班幼儿已有水平的英语动物名称和 What do you see? I see... 对话通过游戏式教学体验，使幼儿认知动物的英语名称，激发了幼儿参与游戏的兴趣；同时锻炼了幼儿的反应能力和手眼协调能力	

活动二：What Color do You See?

扫码观看活动二视频“What Color do You See”

<table>
<tr><td>活动名称</td><td colspan="2">What Color do You See?</td><td>活动班级</td><td>中班</td></tr>
<tr><td rowspan="3">活动目标</td><td>认知目标</td><td colspan="3">理解对话：What color do you see? I see red/yellow/blue/purple. 的含义</td></tr>
<tr><td>能力目标</td><td colspan="3">能够在教师引导下，在情境游戏中回答 What color do you see?</td></tr>
<tr><td>情感目标</td><td colspan="3">幼儿乐于参与英语活动，激发学习英语语言的兴趣</td></tr>
<tr><td rowspan="3">活动准备</td><td>语言准备</td><td colspan="3">单词 red，blue，yellow，purple 的读音</td></tr>
<tr><td>经验准备</td><td colspan="3">课前给幼儿播放颜色相关的音乐</td></tr>
<tr><td>物质准备</td><td colspan="3">教学手工、矿泉水瓶、颜料、长条气球、打气筒、骰子</td></tr>
<tr><td rowspan="2">活动内容</td><td>重点</td><td colspan="3">理解对话：—What color do you see?
—I see red/yellow/blue/purple.</td></tr>
<tr><td>难点</td><td colspan="3">学会运用—What color do you see?
—I see...</td></tr>
<tr><td rowspan="2">活动过程</td><td>热身</td><td colspan="3">Greetings：Sing a song “Walking Walking”
T：Hello！boys and girls. Let’s sing and play together.（边唱边带领幼儿一起围圈做动作）
T：Now，we are cats，Let’s walk like cats. Walking，walking，walking walking，hop，hop，hop. hop，hop，hop，running，running，running，running，running，Now let’s stop.（教师带领幼儿复习各种动物，边唱边做动作）</td></tr>
<tr><td>呈现</td><td colspan="3">T：Now，I will show you a magic show. This is a bottle of water. Everyone say “shake，shake，shake”. Wow！What color do you see? I see yellow. Yellow，yellow，yellow. Who wants to try?（老师需演绎出魔法色彩，呈现 red，blue. purple。可以邀请幼儿上来一起摇水瓶呈现）
T：Look，I have a magic bag. Guess！What is in my bag?
（准备好儿童彩色眼镜，在眼镜框贴上 blue，yellow，red，purple 的玻璃纸片，放在魔术袋里，让学生摸一摸，猜一猜是什么东西）
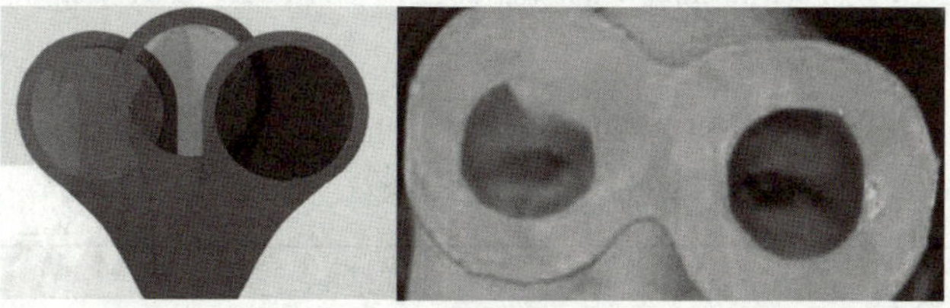</td></tr>
</table>

续表

活动过程	呈现	T：What color is it? Ss：Yellow! T：Yes，yellow! Who wants to try? Wow! Everything becomes different.（老师挑选眼镜，问幼儿是什么颜色，邀请回答的幼儿上来试戴，体验不同颜色的世界） T：Yellow，I see something yellow. Yellow，I see something yellow. Yellow，yellow，I see something yellow. Find something yellow! T：Wow，I see a yellow cat. （老师戴上，唱出对应颜色的歌曲，引导幼儿一起观察和寻找教室中对应颜色的动物）
	听说活动	1. Listening activity Game：Clap the balloons. T：Lily，what color do you see? Lily：I see yellow. T：Lily can see yellow，so I find yellow balloon and clap yellow balloon.（老师和助教配合演示游戏规则） T：Now，let's begin. Please ask me together. Ss：What color do you see? T：I see blue. T：Susan，you try. One，two，three，go. （幼儿集体提问 What color do you see? 老师说出颜色单词，请幼儿拍打对应颜色的气球） 2. Speaking activities （1）Game1：Animal rescue T：Listen! What animals are there? Quack，quack，quack. Oh! The animals are over there. T：Rainbow bridges! We have to go across the bridge，then we can save the animals.（幼儿需要过桥去救动物，必须在过桥的时候大声说出自己踩到的颜色的英文名称） T：Look at me. When you go，say："Red，green，yellow，orange..."（教师边说边做示范） T：The faster team will go and save two animals. Another team will save one animal. OK，let's go.

续表

<table>
<tr><td rowspan="2">活动过程</td><td>听说活动</td><td>T：First，I'll divide you into two groups.
Icky，bicky，soda cracker，icky，icky，bicky，boo.
Icky，bicky，soda cracker，out goes you.
（老师用 choosing rhyme（分组歌谣）“Soda Cracker”进行分组）
T：Now，tell me，“which team are you in?”
Ss：Boo Team. /You Team.
T：Are you ready?
Ss：Yes，I'm ready.
T：One，two，three，begin.
（2）Handcraft：Colorful rings
T：Now，it's time to do handcraft. What color do you see ? Yellow! You can make it a circle，then put it on your arms.
彩色手环。剪下不织布，两头贴上魔术贴，发给幼儿，让幼儿将不织布分别拼接，得到 4 个环，套在手上，做成彩色手环。
（教师需将彩条分次发放，不可一次性发给幼儿，发放前需要问幼儿 What color do you see? 幼儿回答后才可拿到）</td></tr>
<tr><td>总结及延伸</td><td>1. Summarize：老师指着孩子身上衣服的图案颜色问孩子：“Children，children，what color do you see?”
2. T：It's time to say goodbye! Let's sing the goodbye song.
3. 请幼儿回家后，找找家里这 4 种颜色的物品，向爸爸妈妈提问“What color do you see?”并请爸爸妈妈回答。</td></tr>
<tr><td>教学反思</td><td colspan="2">教师在引入、呈现时，要使用肢体语言，变换语音语调，去吸引幼儿的兴趣。游戏需要由易到难，若幼儿对所学内容掌握得好，可以加深游戏难度进行延伸。教学过程中，注意建立幼儿在每一步骤每一环节的规则感，以防止秩序感未建立从而影响教学活动</td></tr>
<tr><td>教学评析</td><td colspan="2">教师与幼儿的互动、幼儿参与课堂的程度都较高，使幼儿对常见的颜色有了认识，掌握并理解了 what color do you see? I see... 对话，为接下来更深层次的教学打下了基础</td></tr>
</table>

活动三：Brown Bear，Brown Bear，What do You See?

扫码观看活动三视频“Brown Bear，What do You See?”

<table>
<tr><td>活动名称</td><td colspan="2">Brown Bear，Brown Bear，What do You See?</td><td>活动班级</td><td>中班</td></tr>
<tr><td rowspan="3">活动目标</td><td>认知目标</td><td colspan="3">理解 Brown Bear，Brown Bear，What Do You See? 绘本内容</td></tr>
<tr><td>能力目标</td><td colspan="3">1. 尝试在所学颜色 red，yellow，purple，blue 的基础上指认并说出绘本中出现的更多颜色：brown，green，black，white
2. 能将 What do you see? I see… 对话运用在日常生活中</td></tr>
<tr><td>情感目标</td><td colspan="3">幼儿乐于参与活动，并对身边的物品有探索兴趣</td></tr>
<tr><td rowspan="3">活动准备</td><td>语言准备</td><td colspan="3">会说 red，yellow，purple，blue 颜色，认识 fish，horse，frog，cat 等动物</td></tr>
<tr><td>经验准备</td><td colspan="3">课前提前认知绘本中出现的颜色或动物</td></tr>
<tr><td>物质准备</td><td colspan="3">实物、绘本、手工教具、蜡笔</td></tr>
<tr><td rowspan="2">活动内容</td><td>重点</td><td colspan="3">理解 Brown Bear，Brown Bear，What Do You See? 绘本内容</td></tr>
<tr><td>难点</td><td colspan="3">能将 What do you see? I see… 对话运用在日常生活中</td></tr>
<tr><td rowspan="2">活动过程</td><td>热身</td><td colspan="3">1. Greetings：Sing a song “I See Something Blue”
T：Hello! boys and girls. Sing and dance with me.（边唱边做动作，同时和幼儿进行互动）</td></tr>
<tr><td>呈现</td><td colspan="3">T：I have something to show you，look! what do you see? They are red bird，yellow duck…（按照绘本准备动物卡片：red bird，yellow duck，blue horse，green frog，purple cat，white dog，black sheep 让幼儿先进行认知，给回答积极或回答正确的幼儿，发对应的小卡片进行奖励）
Learn the story：
T：Now，I will tell you a story. Listen carefully. Brown Bear，Brow Bear，what do you see? I see a red bird looking at me.
（制作填色教具，老师一边将色卡插入，一边按照绘本内容进行表演和讲述，讲述过程中需要与幼儿互动，比如：让幼儿看看自己手里的小卡片是什么颜色的、让幼儿上来插入色卡）</td></tr>
</table>

续表

活动过程	听说练习	1. Game 1：Clapping game T：Please listen and clap the animals on my story apron. （将每种动物背面贴上魔术贴，并贴在教师的故事围裙上，老师从头讲述绘本内容，让幼儿根据老师所说的，拍正确颜色的动物） 2. Game 2：Act it out T：Now，everybody is a little actor，let's act the story out. 老师再次讲述绘本，让孩子模仿各种动物的代表动作进行表演 3. Game 3：Animal show T：Now，I'll divided you into 4 groups. One group stands for one animal.（教师给每组的第一位幼儿拿代表该组的图卡） T：Brown Bear，Brown Bear，what do you see?（手指向 Yellow Duck 队） Brown Bear 队回答："I see Yellow Duck looking at me." 全体幼儿询问 Yellow Duck 队："Yellow Duck，Yellow Duck，what do you see?" 此时教师手指向 Red Bird 队，换 Red Bird 队回答，以此玩法继续。 4. Handcraft：Bears stand in a line T：Here come the bears. But... No colors on the bears. Let's color the bears.（教师拿出熊图案的学习单，引导幼儿涂上颜色） T：Oh，we have different colors of bears. Red，yellow... T：Now，here comes the yellow bear. So I put my yellow bear on the table. T：You try，please. Here comes red bear.（教师先做示范拿出 yellow bear 图卡放在桌上，然后引导幼儿拿出 red bear 放在桌上，并排在第一张 yellow bear 图卡后面） T：The brown bear goes away.（可以换一种玩法，请幼儿将颜色图卡抽走）
	总结与延伸	1. T：It's time to say goodbye! Let's sing the goodbye song. 2. 请幼儿回家后看看家中对应物品的颜色，或去动物园看看动物们的颜色。
教学反思	教师在讲述绘本的时候，可以播放一些轻快的背景音乐，渲染讲述及表演时的气氛。 绘本需要幼儿积累一定的生活经验，因此讲述前要展示好对于各种颜色和动物的呈现	
教学评析	绘本教学过程中运用实物探索、手工教具、情景演绎、游戏操练、艺术创作等方法，丰富了绘本教学的趣味性，辅助幼儿更好地理解绘本，同时激发了幼儿对绘本的学习兴趣	

2. 请自选主题，设计一个涵盖五大领域教育的中班幼儿英语主题内容安排表，按照内容安排设计活动方案，并组织模拟实施。

中班幼儿英语主题内容安排表：

主题	课时与活动名称	学习内容安排	涵盖领域

工作反馈与自评：

（每项内容的分值建议用 5 分制表示，5 分为满分，如有不足依次递减。）

项目	小组组员反馈	旁观同学反馈	自我评价
对活动内容的把握			
活动设计			
活动过程模拟实施			
活动效果			
工作态度			
改进措施：			

（项目具体内容请参考附录四：表 3：幼儿英语教育活动设计与组织评价表）

任务十三：

幼儿英语教育活动效果观察与记录

任务介绍：

活动观察是评价幼儿英语教育活动效果的主要方式，同时也是教师教研经验交流的主要方式之一。幼儿园开展英语教育活动一段时间后，英语教研会组织教师对这一阶段的英语教育效果进行全方位的活动观察与评价，以便更好地帮助教师促进幼儿的全面发展。或者新教师在上岗一段时间后，英语教研室也会组织教师观摩新教师的活动组织情况，对新教师的上岗适应情况和活动组织能力方面做一个基本评估，以便帮助新教师后续的发展。而新教师更是能通过观摩其他优秀教师的活动组织情况，尽快学习和成长。

通过完成本项任务的学习与实训，你将了解幼儿英语教育评价的方法，懂得如何观察与评价幼儿英语教育活动的效果并做活动观察记录。

知识链接：

如何通过活动观察评价幼儿英语教育的效果？

案例导入：

Lisa 老师今天被安排到中二班观察该班开展的英语活动，教研组长要求老师做好幼儿的观察记录，并对开展活动的教师教学效果进行评价。Lisa 需要运用幼儿英语教学评价方法进行观察、记录和评价，为教研活动的发言做好准备。

问题聚焦：

Lisa 该怎样做好观察记录并作出科学的评价？在本章节学习过程中，请思考以下问题：

1. 观察幼儿英语学习状态的关键点有哪些？
2. 活动观察的时候要记录哪些方面？
3. 如何通过观察活动作出科学的评价？

第一节　幼儿园英语渗透的效果评价

自然的英语渗透是幼儿园英语教育活动的重要组成部分。那么英语渗透的效果如何需要通过一些方式和方法进行评价。

一、幼儿英语渗透效果评价的指标

幼儿英语渗透效果评价可从幼儿在英语渗透时的状态和效果两方面进行评价，具体包括对幼儿在活动中的情感态度等方面的状态以及英语听说习惯与能力等方面的学习效果进行评价。

幼儿在英语渗透时的状态指标主要指幼儿在英语渗透中表现出来的情感与态度程度，集中反映了幼儿在活动中主体意识的强度。具体评价指标包括幼儿在英语渗透活动中的兴趣如何；是否能够积极主动地与教师互动；活动中的情绪是否饱满；参与、投入活动的时间是否充分等。

幼儿英语渗透效果方面的指标主要表现为英语听说习惯与听说能力。具体评价指标包括幼儿能否习惯英语渗透的环境，并无意识地进行英语的模仿和表达；能否较好地感知和理解英语内容；模仿能力是否强；幼儿在活动中能否无意识地将所学的英语结合具体的语言情境加以运用，能否与教师同步充分互动，体现语言的交际性。

二、幼儿英语渗透效果评价的方法

（一）问卷调查法

问卷调查法主要是由老师和家长进行填写，主要从三个维度进行填写：(1)接触英语前后，幼儿在学习认知方面的变化。(2)接触英语前后，幼儿性格方面的变化。(3)接触英语前后，幼儿身体方面的变化。还可采用问卷调查类的相关软件在手机客户端进行线上调查，能多方面多渠道掌握幼儿英语学习的有效信息。

（二）测试法

测试法主要是从听力、语音模仿及语言表达方面测试幼儿英语语言发展的情况。

（三）观察法

观察法是指教师在幼儿接触英语时，对幼儿的行为表现进行观察，对发生的现象或行为进行记录和分析，以收集评价记录的一种方法。观察法要有目的、有计划地进行。通过观察法，教师可以了解英语渗透活动目标的达成情况，观察英语渗透的内容和方法是否需要调整。

三、幼儿英语渗透的评价标准

对于幼儿英语渗透的评价，具体到实际渗透的过程中，必须明确和制定统一的评价标准，例如可从下表的几个指标进行评价。

评价项目	评 价 标 准
幼儿学习状态	在老师说英语时，没有抵触，反应正常
	能用合适的肢体动作回应老师的英语口令
	能用简单的英语回应老师的指令和问题
	能跟着英语儿歌的节奏模仿并作出适当的动作
	在听英语故事和看英语视频的时候很专注，并常常无意识地重复

续表

评价项目	评 价 标 准
幼儿学习效果	能适应英语渗透的环境
	能感知和理解渗透的英语内容
	能自然地进行英语的模仿和表达，英语语音语感得到比较大的提升
	能与教师用英语互动

案例示范：

幼儿英语渗透活动评价表

班别		人数		观察人	
观察时间		观察地点			
观察记录					
分析说明			改进措施		

第二节　幼儿英语活动效果评价

随堂观察幼儿英语教育活动，即活动观察，是评价幼儿教育活动效果的重要方式，也是教师们通常运用的提高活动开展质量的方式之一。

教师通过活动观察了解活动过程中发生的具体事件，了解教师活动组织的能力和可能存在的问题，了解有效英语教育活动的特点，包括教学方法和理念。观察活动是为了自我反思，更新自己对英语活动的理解，也是重要的教研活动之一。

一、活动观察前的准备

1. 了解英语活动的内容、教师和幼儿的整体情况。提前了解英语活动的教学内容，了解教师的教学背景和教学方式特点以及该班幼儿的具体学情，有助于观察者理解活动组织教师的教学思路和教学方法。

2. 确定活动观察的目的和教研的焦点。作为普通老师，我们常常会通过活动观察去解决某个教学方面的问题，或者带着学习的目的去听专家或同行的课，也可能为了评价学生学习效果去观察活动。确定好我们的观察目的，活动观察的效率就会更高。

3. 选择合适的活动观察记录表。活动观察记录表格式有很多，教师需要选择符合英语活动特点和活动观察目的的活动观察记录表。如下：

幼儿园英语活动观察记录表

<table>
<tr><td>活动时间</td><td></td><td>活动地点</td><td></td></tr>
<tr><td>执教老师</td><td></td><td>记录老师</td><td></td></tr>
<tr><td>活动名称</td><td></td><td>班级</td><td></td></tr>
<tr><td>活动过程</td><td>幼儿学习状态</td><td>教师教学表现</td><td>评价</td></tr>
<tr><td></td><td></td><td></td><td></td></tr>
<tr><td rowspan="4">教学目标</td><td colspan="3"></td></tr>
<tr><td colspan="3"></td></tr>
<tr><td colspan="3"></td></tr>
<tr><td colspan="3"></td></tr>
<tr><td>达成度分析</td><td colspan="3"></td></tr>
<tr><td>评析意见</td><td colspan="3">优点：
缺点：
建议：</td></tr>
</table>

该活动观察记录表提示我们：

(1)活动过程不是唯一的记录点。(2)不仅仅要记录教师的表现，更要观察幼儿的状态。(3)边观察边评析才能有收获。(4)要了解活动的教学目标，并观察分析目标的达成度。(5)评价要全面、准确，追求积极评价的效果。

二、集体活动的观察点

(一)幼儿

作为英语活动的主要参与者和受益者，幼儿在课堂的表现是评价这次活动的重要维度。教师可以根据下列指标对幼儿在英语活动中的表现进行观察和评价：

评价项目	评 价 标 准
幼儿学习状态	积极主动参与英语学习活动，在学习过程中情绪饱满
	主动举手，大声回答问题
	认真完成教学设计的游戏、表演等学习活动，参与活动时间充分
	能理解教师的教学指引，与同伴协作共同完成学习活动
幼儿学习效果	复习上节课所学内容时未出现遗忘及错误
	大胆自信地进行英语的模仿和表达
	单词发音标准，模仿能力强
	率先学会新单词、新句子
	能在教学所设定的具体语言情境中运用所学的英语

（二）教师

教师是英语活动开展的主要承担者。教师在开展活动过程中的表现是活动开展成功的关键，可以从下面的指标进行观察和评价：

<table>
<tr><td>时间</td><td></td><td>单位</td><td></td><td>授课教师</td><td></td><td>班级</td><td></td></tr>
<tr><td>课题</td><td colspan="5"></td><td>课型</td><td></td></tr>
<tr><td>一级指标</td><td colspan="6">二 级 指 标</td><td>评分</td></tr>
<tr><td>教学目标</td><td colspan="5">对教材解读准确，教学内容符合科学性，能从教材特点和幼儿身心发展特点出发，设计颇具创新</td><td>10</td><td></td></tr>
<tr><td rowspan="2">幼儿学习活动</td><td colspan="5">1. 教学目标明确、恰当，符合幼儿最近发展区，能创造性地使用教材，重、难点突出</td><td>10</td><td></td></tr>
<tr><td colspan="5">2. 活动过程中，体现以幼儿为活动主体的教育原则，充分培养幼儿的创新精神和实践能力</td><td>10</td><td></td></tr>
<tr><td rowspan="3">教师教学行为</td><td colspan="5">1. 教师在活动各环节讲、练、演示及主次内容的时间分配合理，做到精讲多练，加强能力培养</td><td>10</td><td></td></tr>
<tr><td colspan="5">2. 课堂教学平等，师生关系和谐，充分体现生生互动、师生互动及幼儿与材料的互动</td><td>10</td><td></td></tr>
<tr><td colspan="5">3. 有较强的驾驭课堂能力和处理课堂教学偶发事件的能力</td><td>10</td><td></td></tr>
</table>

续表

教师素养	1. 能够流畅地运用英语进行教学，语言准确、生动、形象，富有感染力		10	
	2. 态度自然、诚恳、自信，感情饱满，亲切和蔼		10	
	3. 教具、图片、多媒体课件运用恰当，操作自如		10	
教师个性	1. 在课堂创设学境、多媒体课件运用方面有独特创举，效果显著		5	
	2. 对课的成败得失的评价正确、中肯，有独特的见解，体现个性		5	
总分	好(100~85)	较好(84~75)	一般(74~60)	
评议				

实训项目： 幼儿英语活动观察与记录

1. 请观看视频，把活动的过程记录下来。
2. 请到幼儿园实地观察一次幼儿园英语教学活动，写出活动观察记录。

工作反馈与自评：

（每项内容的分值建议用5分制表示，5分为满分，如有不足依次递减。）

项目	小组组员反馈	旁观同学反馈	自我评价
幼儿学习观察点的全面性			
教师教学观察点的全面性			
教学效果评价的建设性			
工作态度			
不足与改进：			

（项目具体评测内容请参考附录四，表4：活动观察记录评价表）

模块工作小结

经历了本模块知识的学习和工作任务的模拟演练，你有什么收获和感想呢？尝试写一写，然后和小伙伴们分享一下吧。

工作提升建议：

随着工作的开展，教育工作经验不断增长，你的教育教学能力也会不断地提升。然而，教师是一个需要终身学习的职业。幼儿教师面对的工作对象是幼儿，是有着不同个性的个体，教师需尊重幼儿，因材施教。时代在变化，幼儿的共性、个性也在变化，我们需要不断地学习，不断地实践，教学相长。

为了更好地提升工作能力，建议您继续从以下几个方面努力：

1. 注重培养自己生活、工作的条理性，有目标、有计划，认真生活，努力工作。

2. 注重自身执行力的培养，善于思考，敢于实践。

3. 努力钻研业务，勇于发现问题，多方寻求问题的突破方案，不断积累经验，更新教育观念，教学精益求精。

4. 尊重幼儿，从书籍、网络、访谈等多方面了解幼儿，用童心、爱心、耐心去对待每一个孩子。

5. 加强自身的内涵提升、品德修养，给幼儿树立好的榜样。

6. 教育实践中注意反思自省、虚心向教，不断总结，不怕困难，积极进取。

警句共勉

我们必须要会变为小孩子，才配做小孩子的先生。

——中国教育家　陶行知

附　　录

附录一　幼儿英语教育常见问题及答疑

Question 1：英语启蒙早有用吗？

Answer：英语启蒙早晚的关键不在于学习多少单词和句子，而在于听力及辨音能力的培养。前期辨音能力训练得好的幼儿，后期能很快把别人的话进行拆分，这个时候他们听到的不是一个个抽象的单词，而是一个个有意义的片段，然后对应上具体的情境，就可以明白是什么意思，并且马上可以输出。

Question 2：磨耳朵要不要抠单词？

Answer：磨英文耳朵的关键不在于听懂每一个单词，而在于熟悉英语的韵律节奏，培养语感。磨耳朵时，可以不断重复句子（注意是句子，而不是一个词或者一个音），孩子听得多了，达到了一定程度，再结合具体的场景，就能够自己说出来。

Question 3：Phonics（自然拼读）到底是什么？

Answer：Phonics 是背单词的方法之一，但绝不是为背单词而服务的。实际上，Phonics 是阅读的方法，单词是末，阅读才是本。Phonics 的成功在于它是依托于科学阅读的框架体系，作为技能来训练的，而不是作为一种知识、一种规律，记住了就可以的。

Question 4：儿歌和动画片哪个好？

Answer：英语资源中，能够符合幼儿认知特点的、幼儿自己喜欢的、原汁原味的就是好资源。儿歌的精髓在于其韵律节奏，动画片的精髓在于其情境创设，二者都要以兴趣为前提，幼儿在轻松自然的状态下才会有最好的吸收。

Question 5：什么样的资源该精听精读，什么样的资源该泛听泛读？

Answer：让幼儿根据自己的内在需要自行选择即可。幼儿对资源的选择，一定是与其认知能力相适应的。尊重幼儿认知能力发展的内在规律，让幼儿按照自己的需要去选择，这些都是内在建构的过程。而建构就是能力形成的过程，是培养后劲的过程。

Question 6：幼儿总是翻来覆去听那一首或几首歌，是不是浪费时间？

Answer：这其实是构建的需要。只有这样的重复达到一定程度，这个层面的东西才真正内化到了幼儿的认知中。此后，还需要有同样难度的资料来进行巩固。当这些东西达到一定的量之后，才会从量变到质变，上升到下一个层次。这也是常说的螺旋式上升。

Question 7：背下来的句型为啥不管用？

Answer：大多数背单词、句型的方式，背的都是中文意思或语法结构，而没有具体的场景，所记的单词、句型都是孤立的，是没有意义的死单词和死句子，词汇量即使增加了，也根本不会用。要在情境中培养幼儿的英语思维，将单词、句子加以应用，才能最终输出。

Question 8：选择不恰当的英文绘本进行阅读会有什么影响？

Answer：阅读过程中对难度的把握非常重要。高于幼儿能力的书不但会影响幼儿的阅读兴趣，还可能让幼儿逃避阅读、逃避英语。兴趣等级永远选择适合年龄的，如果幼儿阅读水平中等，则难度等级也选择中等的；如果幼儿是阅读天才，则选择高难度等级的书；如果幼儿阅读水平低于同龄人的水准，则要选择低难度等级的书籍。

Question 9：什么是有感情的流利阅读？

Answer：有感情的流利阅读=前期听力积累+流利阅读+快速阅读理解+朗读训练。其中，流利性是基础，通过流利阅读所达到的不仅仅是见词就能拼读，而是见词就能反应出整句话的情绪感觉，字面含义背后所隐藏的东西在流利阅读的训练中就已经感受出来了。

Question 10：学习 Phonics 需要什么前提？

Answer：Phonics 本不需要以会英语作为前提，而是需要辨音能力，大量地听原版儿歌、故事、动画片，这些都是前期准备。这些准备并不是要让孩子具备多少词汇量，最主要的是进行韵律节奏方面的训练。因为幼儿年龄小，有英语环境和老师给做的各种辨音训练的游戏等，学习 Phonics 不会有问题，自然而然就掌握了。

Question 11：英语好的评判标准是什么？

Answer：很多家长以词汇量的多少、口语是否流利、语法是否正确等来判定幼儿的英语是否学得好，但英语水平的高低还是在阅读，这也是母语为英语的国家最重视的一项学习内容。

Question 12：什么是英语思维？

Answer：不同的语言，需要的都是对应情境。只要大脑中存储着一个英语情境下的表达方式，再次出现类似情境的时候，对应的英语句子就能自然而然说出来，无需其他语言的帮助，无需翻译的过程，就是英语思维。

Question 13：幼儿会有英语思维吗？

Answer：幼儿的语言形成是左右脑互相配合的结果，当幼儿接触一种语言的时候，首先听到的是它的语音信号，然后就要寻找对应的图形信号。经过各种场景，比如：吃什么、玩什么、生日 party、掉牙、学校生活、幼儿园活动、交朋友等的创设，让幼儿在情境中学习该如何表达，就能自然而然地构建英语思维。

Question 14：没有国外环境，如何为幼儿构建英语场景？

Answer：第一是看动画片，动画片中有很多口语表达方式，幼儿经过大量的输入，自然就能脱口而出。第二是看有大量场景的英文故事，国外的儿童英文读物都是幼儿日常生活中的那些事，基本上国外孩子真实生活中的场景在书中都有体现。经过一定量的积累，慢慢就会不断地输出。

Question 15：家长英语不好会不会对教幼儿有影响？

Answer：幼儿的语言能力有没有提升，和家长的英语水平没关系，倒是和家长理解英语教育的理念、方向、方法有关，以及和家长在研究这个体系框架的过程中所付出的努力有关。

（以上答疑选自安妮鲜花：《不能错过的英语启蒙》，北京：外语教学与研究出版社，2011 年 5 月第 1 版）

附录二 幼儿英语教育说课活动

说课是一种教师教学基本功训练的活动形式和教学与教研改革手段，是提高教师素质的有效途径之一。幼儿英语教师面对的是刚接触英语、自控能力尚不成熟的幼儿，每一次英语教育活动都需要精心设计及反思，说课在教研活动中就显得尤为重要。说课活动的推广，能促使幼儿英语教师由从业者向研究者转变，提升教师自身的实践智慧，提高教师专业发展水平和教学能力，培养教师终身学习的能力。

一、幼儿英语教育说课活动的定义

幼儿英语教育说课活动，是指幼儿英语教师以教育教学理论和教育活动内容为依据，在有限时间(一般为15—20分钟)内，以口头(现场说课展示)或书面(撰写说课讲稿)的形式，向其他教育教学人员系统地阐述自己对某一次英语活动的设想、活动思路及其理论依据。通俗地说，说课就是说说“怎样教”“为什么这样教”。

二、幼儿英语教育说课活动的意义

(一)说课有利于提高幼儿英语教师的理论素质

首先，说课要求教师具备一定的理论素养，说课活动促使教师不断地学习教育教学理论，提高自己的理论水平，并用新的教育理论去指导活动实践。其次，说课要求教师用语言把自己的英语活动目标设置、活动的设计与组织、活动环节的安排、环境创设以及为实现该活动目标所采用的途径和手段等内容表达出来，这无形中提高了教师的语言组织能力和表达能力，进而提高了教师自身的素质。

(二)说课有利于改进幼儿英语教师的教案质量

教师的备课教案往往只阐述怎样教，却很少谈及为什么这样教，备课教案缺乏理论依据，容易导致教案质量不高。说课活动能促使教师主动去思考“为什么要这样教”，从而提高教师备课教案的质量。

(三)说课有利于提高英语教育活动的效率

教师通过说课，可以进一步明确教育活动目标，提炼出教学活动的重点、难点，理清教学的思路。这样一来，教师就能安排好突出重点、降低难点的途径，使活动过程层次分明，教师指导有度，提高教学活动的效率。

(四)说课有利于提高教研活动的实效

传统的教研活动一般都是以“课堂观摩、课后评教”的形式进行，评教者不一定能将授课教师的意图理解透彻，导致了教研活动实效低下。通过说课，让授课教师阐明自己英语教育活动设计的意图，处理活动内容的方法和理论依据，让听课教师更加明白应该怎样去教，为什么要这样教，使得教研活动的主题更明确，重点更突出，从而提高教研活动的实效。另外，说课活动还有利于发挥教师的群体优势，统一思想认识，探讨教学活动方法，提高教学活动效率。

三、幼儿英语教育说课活动的内容

说课是幼儿英语教师将对教育活动内容的理解、教法及学法设计转化为“教学活动”的一种课前预演，是督促幼儿英语教师业务文化学习和进行教育教学活动研究、提高业务水平的重要途径，也是评估幼儿英语教师教学水平的有效手段。简单说来，说课就是要说清楚“教什么”“怎样教”及“为什么这样教”。

(一)“说”活动内容

1. 教师必须分析《幼儿园教育指导纲要(试行)》《3—6 岁儿童学习与发展指南》(后简称《纲要》《指南》)对于本次活动的要求、本活动的意图及本活动内容在整体知识结构中的地位和作用，明确活动内容的重点、难点、情感态度教育点，设定本次活动目标。

(1)设定认知目标：通过学习，幼儿在英语语言基础知识和基本技能上达到什么标准，是掌握、理解、知道还是辨认等。

(2)设定能力目标：通过学习，幼儿在身心发展上(如能力、意志、性格、体力方面)要达到什么标准。

(3)设定情感态度目标：通过学习，幼儿所应养成的良好的情感态度和审美观。

2. 说明活动内容中的重点、难点及解决的策略。

活动重点是活动内容中学习者必须掌握的基础知识和基本技能，除知识重点外，还包括能力和情感的重点。活动难点是对于学习者来说较抽象、离生活实际较远，掌握起来有一定困难的知识。

幼儿英语教师在说课时，除了要准确提炼出活动内容的重点和难点外，还必须从知识结构、活动要素的优化、内容的选择和思维训练、活动方法和教具学具的制作使用等方面，说明突出活动重点、突破活动难点的步骤、方法和形式等基本策略。

(二)“说”活动对象(幼儿)

幼儿是英语教育活动过程中的基本因素之一，对幼儿的充分认识，是取得良好教学效果的必要条件。在英语教育活动前，教师应对幼儿已有的知识经验、学习兴趣、能力结构、认知水平结构、可接受水平、可能的发展水平、年龄特征、个性差异等进行分析和了解，以利于在活动中发挥幼儿的主体作用，实现教与学的和谐发展。

(三)“说”活动过程

活动过程是幼儿英语教学的中心环节，因此“说”活动过程也是幼儿英语教育活动说课的中心环节。在这个过程中，要说明活动过程的整体安排，其中包括热身活动的选择、新知识的呈现，听说活动的开展，结束活动如何进行，延伸活动如何设计等。活动的形式设计要体现集体——小组——个人的设计思路，说明本次活动内容与活动目标的关系。

在说的过程中，教师要特别注意把教育活动设计的依据说清楚，说明活动过程中师幼互动的设计和思路，怎样处理好教师、幼儿、内容的关系，充分体现以教师为主导、幼儿为主体、幼儿思维训练为主线的教学原则。

(四)“说”活动准备

在说课中，幼儿英语教师要说明活动环境创设与教学准备，包括教育活动中幼儿必要的语言知识、技能准备，生活经验、情感、心理准备，教具、学具等物质准备以及环境布置、活动场地的准备。

(五)“说”活动方法

在以上情况分析的基础上，教师要说明本次幼儿英语教育活动所选择的活动方法以及这样选择的依据。活动方法是师幼为达到一定活动目标而采取的相互关联的动作体系，具有多样性、综合性、发展性等特点。教师在说课时要说明选择某种活动方法或综合运用几种活动方法的依据、作用、适用度等，并阐明其价值性。

(六)“说”学习方法

教师应根据《纲要》《指南》及本次幼儿英语教育活动内容进行分析与思考，说明怎样教会幼儿英语语言学习的方法和规律，并阐明原因。在幼儿英语学习方法的选择上，教师要仔细分析、考虑幼儿的自身因素与情境因素，如幼儿的情感、意志、兴趣等“非智力因素”以及年龄特点、个性差异、认知结构特点、语言知识水平、能力结构特征、现有发展能力和潜在发展能力，以便对幼儿进行学法指导。另外，教师在说课中还要说明活动策略如自主式学习、合作式学习、探究式学习等的特点，倡导幼儿自主、合作、探究的学习方式，培养幼儿自主获取知识、发现问题、解决问题的能力。

说课案例：

Fruits（小班）说课稿

一、"说"活动内容

本次活动内容是学习 apple 和 orange。《指南》中提到，让幼儿喜欢自然界与生活中美的事物，因此，我以发展幼儿英语语言为主线，其中穿插一些游戏，让幼儿在玩中学，在学中玩。水果是幼儿日常生活中最常接触的事物之一，从简单、熟悉的东西以及培养听力入手，使小班幼儿对英语活动产生兴趣并鼓励幼儿模仿和表达。

（一）活动目标

1. 认知目标：能理解和辨认"apple""orange"的含义；能理解"I like ×××."句型是用来表示喜好的英语语言表达方式；

2. 技能目标：能听懂"apple""orange"，正确指认相应的图片或实物；能运用"Yes"和"No"来表示肯定和否定的意愿；能在教师的引导下，说出苹果和橘子的英文名称；能在教师的鼓励下，大胆模仿教师用句型"I like ×××."表达自己的喜好。

3. 情感目标：愿意参与英语活动，喜欢模仿学说英语。

本次活动所学内容为"Fruits"。时值金秋，正是瓜果飘香的季节，幼儿对生活中常见水果的英文名称很感兴趣，由此生成这节活动。而且，本次活动内容只让幼儿学习两种水果的英语名称，语言简单，区分度高，符合幼儿的现有水平。整节活动设计始终围绕目标进行，先听后说，先易后难。

（二）活动重点及难点提炼

1. 活动重点：能听懂"apple""orange"，正确指认相应的图片或实物。在听力活动中设计两种游戏，让教师有更多的机会重复新内容，加深幼儿的理解。身体反应的识别游戏使幼儿的参与度更高，从而很好地判断幼儿对新词的理解。

2. 活动难点：能运用"Yes"和"No"来表示肯定和否定的意愿；能在教师的引导下，说出苹果和橘子的英文名称；能在教师的鼓励下，大胆模仿教师用句型"I like ×××."表达自己的喜好。在呈现环节中，营造语言应用情景，引导幼儿学说单词和句型，同时教师示范语言的运用；在说话活动"品尝水果"步骤中，教师用有趣的方式，让幼儿在真实的环境中运用语言，同时检测活动难点是否突破；结尾利用英文歌曲，巩固学习内容。

二、“说”幼儿

受日常生活经验的影响，小班幼儿对于英语学习有一定的语感基础，有较强的好奇心和求知欲，愿意接受新知识。通过对我班幼儿的观察得知，他们对学习英语、在生活中会用英语很感兴趣。但是，幼儿同样存在着个体差异，个别幼儿已经会用英语说出“苹果”，发音较清晰，部分幼儿虽能用英语说出“苹果”但发音不标准，还有部分幼儿对此一无所知。为了适应这种情况，我们的活动设计了不同的游戏，从简单到复杂层层递进，让发展快或慢的孩子都能够参与进来。

三、“说”活动过程

本次活动形式是集体活动，环节的安排共分为以下 4 个步骤。

(一)热身活动

教师与幼儿一起唱儿歌，边唱边做动作，以拉近师生关系，让幼儿迅速进入英语语言环境，也能让处于安静状态下的幼儿活跃起来，或让处于过于活跃状态的幼儿安静下来。

(二)内容呈现

教授“apple”这个词时，教师把已装有苹果的盒子或袋子神秘地拿到幼儿面前，让幼儿有探索的欲望；教授“orange”时，教师用餐纸把橘子包起来，然后做示范闻一闻，拿到幼儿面前给他们也闻一闻，并让他们猜猜是什么，以有趣的方式激发幼儿的好奇心。再教授单词发音的过程中，教师采用了多种方式对幼儿进行语言的反复输入，如在发出英文发音的同时出示相应的教具、配合相应的动作等，最有效地表达出语音含义；用各种语调清晰地重复单词；围绕中心单词进行句子的扩展；与幼儿进行交际性的问答；有节奏地进行动静交替的游戏等，逐步加深幼儿对新知识的理解，达到本次活动的认知目标。

(三)听说活动

1. 在听力活动中，我设计了两个游戏以检验幼儿的学习效果。第一个是“听辨游戏”，教师说，幼儿听辨并指认，检查了幼儿是否正确理解了新内容。第二个是“摘果游戏”，让教师有更多的机会重复新内容，加深幼儿的理解，而且这种身体反应的识别游戏使幼儿的参与度更高，达到本次活动的认知目标。

2. 在说话活动“品尝水果”游戏中，教师用有趣的方式，让幼儿在真实的环境中运用语言，在活动末尾欣赏英文歌曲，有助于活跃课堂气氛，有利于巩固所学知识，同时培养幼儿的音乐欣赏和唱演能力，提高幼儿英语学习兴趣，有助于本次活动的认知目标、能力目标和情感目标的达成。

(四)结束活动

教师再出示一次水果让幼儿复习一遍，并让幼儿与水果朋友 Apple 和 Orange 说“Bye-bye”，在愉快的气氛中结束活动，结束的过程也是复习和巩固的过程。

四、“说”活动准备

(一)语言准备

学习过“box”“bag”，对歌曲“Apple Tree”很熟悉，能分辨该歌曲中的单词“apple”。

(二)经验准备

幼儿对生活中常见水果苹果、橘子有生活经验。

(三)物质准备

盒子或小袋子一个，苹果、橘子实物及图片各若干，大树挂画一幅，塑料刀、纸质餐盘、餐纸若干，多媒体。

五、“说”教学方法

本次活动运用了 TPR 教学法、直接教学法、情景教学法和交际教学法等有效的教学方法，各教学法运用比较恰当。

(一)TPR 教学法

活动中有唱儿歌配动作，有辨认水果，还有摘果游戏，“看”“听”“说”“做”多种感官配合，贯穿整个学习的过程。

(二)直接教学法

内容呈现环节中，教师不论是在发出英文发音的同时出示相应的教具、配合相应的动作以最有效地表达出语音含义，还是用各种语调清晰地重复单词，都为幼儿做出了正确的语音示范。

(三)交际教学法

内容呈现环节的“猜猜看”以及说话活动环节的“品尝水果”游戏中，教师坚持用英语与幼儿进行交际性的问答，用有趣的方式引导幼儿使用英语，让幼儿初步理解 Yes/No/I like... 的含义，突破活动难点。

六、"说"学习方法

本班幼儿活泼好动、好奇心强、表现欲强、善于模仿、愿意接受新知识、乐于参与英语活动，因此，我在活动设计时，充分考虑到小班年龄段儿童的语言发展和智力发展的特征，活动过程中以各种旨在培养儿童听的能力和模仿能力的游戏活动为主，同时又以真实的情景教学刺激儿童模仿或主动说英语。游戏化、情境化、交际化的活动方法的使用，激发了幼儿英语学习的兴趣，让幼儿在活动中能够"手、口、脑皆动"，促进幼儿的思维能力、记忆力、自信心、表现力及积极情感的发展，有助于活动目标的顺利达成。

附录三　常用幼儿英语活动资料

(一)幼儿园一日活动英语参考

一日活动口语 105 句【国际班中教】

一	搭乘校车常规 taking the school bus	【1】	Stay on your seat please.	留在座位上。
		【2】	Please don't eat or drink on the bus.	在校车上不能饮食。
		【3】	Be careful when you get off the bus.	下车时要小心。
		【4】	Come on, I'll hold you in my arms.	来，我抱你下来。
		【5】	Wow, you are big boys and girls, You can get off the school bus by yourselves.	噢，真了不起，你们长大了，可以自己下车了。
二	到达学校的常规	【6】	Good moming!	早安!
		【7】	Nice to see you!	很高兴看到你!
		【8】	Come in, please!	请进!
		【9】	Say "good-bye" to your dad, mom/grandma/grandpa.	和爸爸、妈妈、爷爷、奶奶说再见。
		【10】	Please take/Have a seat everybody.	大家请坐下。
		【11】	Line up, please, One by one.	请排好队，一个接一个。
		【12】	You look pretty today!	你今天看起来真漂亮!
		【13】	I like your new dress.	我喜欢你的新裙子。
		【14】	Where did you go yesterday?	你昨天去哪玩了?
		【15】	Did you have a good weekend?	周末过得好吗?
		【16】	How are you feeling today?	你今天感觉如何?
		【17】	I feel great!	我感觉超棒的!
		【18】	I've got a cold.	我感冒了(伤风感冒)。
		【20】	I hope you're better today.	我希望你今天有好一些。
		【21】	Who brought you here today?	今天谁送你来的?
		【22】	Everything will be ok.	一切都会好起来的。
		【23】	Come, let me give you a hug/kiss.	来，抱一下/亲一下。

续表

三	早操	【24】	It's time to do morning exercises. Line up! One by one.	做早操的时间到啦，小朋友们，排好队。
		【25】	Look forwars. Arms up. Arms down.	向前看，胳膊上举，胳膊放下。
		【26】	Here we go! Let's get moving! Music, please!	准备开始咯！动起来！音乐起！
		【28】	Please gather in a circle.	请围成一个圈。
		【29】	Leave some space, please.	留点儿空。
		【30】	Morning exercise is good for your health.	早操益于健康。
四	早餐	【31】	It's time for breakfast. Come on. Wash your hands.	该吃早餐了，来，洗手了。
		【32】	Here you are, take your time.	给你，慢慢吃吧。
		【33】	If you want some more, please raise your hand.	如果想再添一些，请举手。
		【34】	Please don't run while holding te meal.	小朋友在拿餐的时候不要跑。
		【35】	What should we do while waiting for the meal/lunch? Let's pray.	我们饭前等待的时候需要做什么呢？让我们来餐前感谢吧。
		【36】	Let me introduce today's breakfast to you.	老师来为你们介绍一下今天的早餐。
		【37】	Don't put food on the table please.	食物不要放在桌面上。
		【38】	Be careful, the porridge is very hot. Blow to cool it down.	小心，粥太烫，吹一吹。
		【39】	Keep the table clean, please.	保持桌面干净。
		【40】	Don't talk with your mouth full, please.	嘴巴有食物的时候不要说话哦。
		【41】	Are you full?	你吃饱了吗？
		【42】	If you have finished your meal, could you go read a book with Teacher Jim or draw?	吃完的小朋友可以先去跟 Jim 老师一起看绘本或者画画。
		【43】	If you have finished your meal, wipe clean your table please.	吃完的小朋友把碗筷放到这里，擦干净自己的桌子。

续表

五	晨圈-天气、日期、计划	【44】	We are going to sit on the mat.	我们要坐在坐垫上。
		【45】	I have no idea!	我不知道!
		【46】	What's the weather like today?	今天的天气怎么样?
		【47】	It's sunny/rainy/cloudy/windy/foggy today.	今天晴、下雨、多云、刮风、有雾。
		【48】	What day is it today?	今天星期几?
		【49】	It's monday/tuesday/wednesday/thursday/friday today.	今天星期一……
		【50】	What time is it?	几点了?
		【51】	Our plan for today is...	我们今天的计划是……
		【52】	About this topic, let's Share some thoughts. Who would like to share first?	关于这个话题,小朋友们来分享一下自己的想法。谁想第一个来?
		【53】	What are we going to/should we do with this question?	这个问题怎么办呢?
		【54】	Who's got a solution/an answer? Let me write it down.	谁有办法?让我记录下来。
		【55】	Our rule is...	我们的规则是……
六	点心时间、吃饭常规 snack time/ lunch time	【56】	Take turns please.	轮流。
		【57】	Say"please"and "thank you".	说"请"和"谢谢"。
		【58】	Remember to drink some water.	要记得喝水。
		【59】	Please walking in the classroom.	教室里请轻声行走。
		【60】	You can't play in the restroom.	别在厕所里玩。
		【61】	Brush your teeth after eating.	吃完东西要刷牙。
		【62】	Wash your hands before eating.	吃东西前要洗手。
		【63】	Clean up the table.	整理好桌子。
		【64】	The ________ is delicious.	……很好吃。
		【65】	Smells good.	好香。
		【66】	Tastes good.	很好吃。
		【67】	Finish your food.	把食物吃完。
		【68】	We cherish the food. Don't waste it.	要珍惜食物,不能浪费。
		【69】	Who wants more?	谁还想要?
		【70】	Can I have some more?	我还可以再拿吗?
		【71】	Please don't play with your food.	请不要拿食物来玩。
		【72】	Wipe your mouth.	擦擦嘴。
		【73】	Oh, baby, don't wipe your mouth with your sleeves.	噢,宝贝,不要用袖子去擦嘴。

续表

七	餐后散步	【74】	What a fine day today! Wuld you like to go outside? We'd better have a walk after our meal.	今天天气真好，大家想出去吗？我们最好养成餐后散步的习惯呢。
		【75】	Mark, Could you please slow down?	马克，你能慢点儿吗？
		【76】	You can't jump or run right after lunch. It's not good for your stomach.	你不能在吃完午餐后马上就蹦蹦跳跳的。这样对你的胃不好。
		【77】	Boys and girls, How about we sing a song while walking?	孩子们，我们一边散步一边唱歌怎么样？
八	午睡常规 nap time	【78】	Let't go poo poo. Let's go pee pee first.	我们应该先去卫生间。
		【79】	Pull up the covers, please.	盖好被子。
		【80】	Honey, I think you can't take these toys to your bed. How about giving them to me? I'll keep them save until you get up, ok?	宝贝，你不能带着这些玩具睡觉。先放在我这里保存，等你睡醒了我们再玩好吗？
		【81】	Nap time.	午休时间到了。
		【82】	Please be quiet.	请安静。
		【83】	Lie down.	躺下。
		【84】	Have a sweet dream!	做个好梦吧！
		【85】	Close your eyes.	闭上你的眼睛。
		【86】	Wake up, babies. It's time to get up.	醒醒,宝贝们,现在该起床了。
		【87】	Hurry up! Put on your coats and pants.	快点!穿上你的外套和裤子哦。
		【88】	Help me make Cindy up, please.	请帮我叫醒 Cindy 好吗。
		【89】	All girls come to me to do your hair.	女孩们过来梳头发。
九	户外活动常规 outdoor activities	【90】	Quiet, please.	请安静。
		【91】	Who will help me clean the classroom?	谁要帮我整理教室？
		【92】	No screaming, please.	请不要大声尖叫。
		【93】	Please put your books away.	请把书收起来。
		【94】	Please line up.	请排队。
		【95】	Attention. /Hands up. /Hands down.	注意/举手/手放下。
		【96】	Be careful and have fun!	注意安全，好好玩儿！
		【97】	Don't run.	不要奔跑。
		【98】	Watch out.	小心。

续表

十	放学常规 going home	【99】	Mary, come to me. Let me give you a beautiful hairstyle.	玛丽，过来，让我给你梳一个漂亮的发型。
		【100】	Good bye, teacher.	老师再见。
		【101】	See you tomorrow.	明天见。
		【102】	It's time to say goodbye now.	该和老师说再见了。
		【103】	We had a great time.	我们今天度过了一段愉快的时间。
十一	其他保健常规 other	【104】	Wash your hads frequently.	要经常洗手。
		【105】	Cover your coughs and sneezes.	咳嗽和打喷嚏要遮住嘴巴。

（此项内容由广西维伯教育托育幼教板块负责人黄潇瑜老师整理提供）

(二)幼儿园一日活动英语儿歌参考曲目

环节	序号	儿歌参考曲目	使用提示
迎接入园	1	Hello	教师可将此歌谣用于与最初接触英语的幼儿以及与幼儿见面时的 Greeting，歌词“you”可用幼儿的名字做替换
	2	Good Morning	教师可用此歌谣做点名歌谣，点一定数量的幼儿排队，以开火车的方式进入教室。(开火车可以根据学习内容替换不同的交通手段，如飞机，轮船、汽车或模仿超人等)
早餐	3	Are You Eating?	教师可与幼儿以对话的方式来合唱儿歌，歌词最后一句可以根据当天早餐的食物进行改编
	4	Egg and Bread	教师可根据当天早餐所提供的的食物进行改编歌词，日常鼓励幼儿用歌词中出现的疑问句式“do you like...”主动相互提问
洗手	5	Washing Hands	在孩子们洗手的时候可以一起来说唱儿歌，说到儿歌最后一句时，提示幼儿把双手在洗手盆上方甩三下，这样可以减少手上的水珠滴落到地上
户外活动	6	Line Up	教师可利用此儿歌进行整理队伍，如一个跟着一个走，小声说话，不要跑跳推搡，不要掉队；还可以将歌词中的“We'll do morning exercises.”替换成“We will go to have a drink.”或“We'll go to wash our hands”等，多环节应用
	7	We're Marching Around the Circle	教师可用此儿歌进行操前整队；歌词中的“circle”可以用其他形状进行替换，也可以在操场上设定几种形状，让幼儿听指令做动作并创编儿歌

续表

环节		序号	儿歌参考曲目	使用提示
集体活动	开始	8	Make a Circle	教师可用此儿歌建立 Circle Time 的常规
		9	Sitting on the Carpet	教师可在幼儿坐好后，用此儿歌进行课前热身，并可用幼儿的名字替换歌中动物的名字，吸引幼儿的注意力
	点名	10	Eney, Meeny, Miny, Mo	教师有节奏地说唱歌谣，根据节奏一个一个轻点孩子，当说到“mo”时被点到的孩子出列参加游戏
		11	Hats	教师有节奏地说唱歌谣，根据节奏一个一个轻点孩子，被点到的孩子做戴帽子的动作，当说到“four”和“more”时被点到的孩子出列参加游戏
		12	Chip Chop Joe	教师有节奏地说唱歌谣，根据节奏带领幼儿假装做砍柴的动作(伸直左臂当柴，右手当砍柴刀，从左臂下方向上依次做切的动作)，当说到“touch my toe”时，教师右臂高高举起，向着某个幼儿脚下用力一挥，该幼儿假装被砍到脚趾头，单脚跳起，跳出列参加游戏
	结束	13	If You're Happy	教师可在每次活动结束之际，引导幼儿唱此儿歌并作出表达“快乐”的相应动作(小班幼儿可采用本首儿歌作为背景音乐，做出相应动作)
		14	I Want to Have a Rest	教师可在活动即将结束时，引导幼儿一边以平缓慢速的节奏唱儿歌一边安静下来，在自己的位置上坐好；在日常生活场景中经常示范运用歌词中的句子如“I'm tired. I want to have a rest.”等，让幼儿熟悉并逐步学会运用
用餐	餐前	15	I'm Hungry	教师可在孩子等待分发餐食的时候，引导孩子边唱儿歌边摸肚子，以表示饿了的感觉，安抚孩子在座位上坐好耐心等待
	餐后	16	Clean Kid, Good Habit	教师可引导幼儿在饭后共唱此歌，培养幼儿不浪费、讲卫生、勤收拾的好习惯
午睡	睡前	17	Twinkle, Twinkle, Little Star	这首儿歌是世界各地广为流传的摇篮曲，教师可用轻柔声音把歌曲的节奏放慢哼唱，帮助幼儿入眠
	起床	18	Lazy Mary	教师可用这首儿歌叫醒幼儿，对于那些赖床不起的幼儿，可将所有幼儿集合起来，把名字 Mary 替换为赖床幼儿的名字，一起唱这首儿歌

续表

环节	序号	儿歌参考曲目	使用提示
区域活动	19	Clean Up	教师可在区域活动结束的时候，组织幼儿一边唱儿歌，一边收拾玩具和操作工具
离园	20	Goodbye	教师可用此儿歌在离园时与幼儿和家长告别，唱完歌后，教师还可以丰富对“再见”的表达，如“See you”“Bye-bye”等

（以上儿歌与儿歌使用提示均选自宁有权：《幼儿园一日活动组织英语》，北京：清华大学出版社，2008 年 5 月第 1 版）

（三）幼儿英语绘本书单参考

类型	序号	书　名
英美经典绘本	1	Brown Bear, Brown Bear, What Do You See?
	2	Polar Bear, Polar Bear, What Do You Hear?
	3	Does a Kangaroo Have a Mother, Too?
	4	No! David
	5	David Goes to School
	6	From Head to Toe
	7	Go Away, Mr. Wolf!
	8	Five Little Men in a Flying Saucer
	9	Green Eggs and Ham
	10	Henny Penny
	11	Have You Seen My Duckling?
	12	The Very Hungry Caterpillar
	13	Go Away, Big Green Monster!
	14	My Dad
	15	My Mum
	16	We're Going On a Bear Hunt
	17	Hattie and the Fox
	18	Five Little Ducks
	19	Fox in Socks
	20	Guess How Much I Love You.

续表

类型	序号	书 名
英美经典绘本	21	Do You Want to Be My Friend?
	22	What's the Time, Mr. Wolf?
	23	One Fish Two Fish Red Fish Blue Fish
	24	We All Go Traveling By
	25	Hug
关于中国文化绘本	26	Round is a Mooncake
	27	Red is a Dragon
	28	Kite Flying
	29	Bringing in the NEW YEAR
	30	Dim Sum for Everyone
	31	Amy Wu and the Perfect Bao
	32	Amy Wu and the Patchwork Dragon
	33	I Dream of Popo
	34	My First Chinese New Year
	35	Seven Blind Mice
	36	The Lost Horse
	37	The Great Race: The Story of the Chinese Zodiac
	38	Lon Po Po: A Red-Riding Hood Story from China
	39	Kitchen God
	40	Tikki Tikki Tembo

附录四　工作反馈与自评观测细则参考

(一)模块一　工作反馈与自评观测细则参考

表1　台上展示汇报细则评测表

项目	观测事项	操作细节	评价
仪容仪态	进场	走上讲台后要慢步自然转弯，面向听众站好，正面扫视全场，然后以诚恳、恭敬的态度向听众敬礼，稍稍稳定一下之后，再开始演讲	
	走路	上身直立、不弯腰、不腆肚，步伐紧慢有序。目视前方，虚光看路。头要正，不偏不摇，双手自然摆动	
	站姿	站姿得当、大方自信、腰背挺直自然	
	动作表情	动作表情自然，手势动作规范，不夸张、不做作，符合讲话内容中的情感表现需要	
	目光	目光要散到全场，落到每位听众的脸上	
	微笑	自然亲切，与面部表情和谐	
	着装	整洁大方、庄重朴素、轻便协调、色彩和谐	
	退场	鞠躬真诚、谦逊致谢，含笑退场	
语言表达	语言	文明规范、简洁、准确、生动、形象、幽默、风趣	
	声音	声音响亮、有活力、抑扬顿挫、有所变化，能借以突出重点，表达感情	
	表达	脱稿阐述、吐字清晰、语速适中、具有号召力和感染力	
内容展示	自我介绍	结合职位要求，中肯、得体地表现你的优势，运用工作经历、学习情况等说明你能胜任工作岗位的能力，叙述线索清晰、简洁，重点突出，时间控制在3—5分钟	
	汇报内容设计	有凝练主题、观点全面、见解独到，能引用实例或数据阐明你的观点。思路清晰、条理性强、逻辑分明、说服力强	
	PPT设计	排版美观、直观，主题突出、结构层次清晰，能体现表达的思路；配色方案、动画设计、切换效果、超链接及动作按钮等运用得当	
	小组合作	小组成员之间分工具体、配合默契，每位成员都能完成自己负责讲解的内容，讲解时，不仅能陈述自己的观点，还能和组员、评委很好地沟通，产生一定共鸣	
	现场提问	回答提问思路清晰、论据充分、有说服力，能清晰表达自己的观点	

续表

项目	观测事项	操作细节	评价
工作态度	敬业负责	把握好思政原则，严谨、细致、认真负责	
	高效执行	准确理解并高效落实任务要求，快速将想法或计划转化为行动	
	开放合作	心态开放、尊重他人，具有合作精神，在工作中主动为他人提供帮助和支持	
	关注品质	严格按照任务要求和分工开展工作，努力保证工作结果和质量	
	主动学习	保持开放的心态，利用各种机会加强学习，提高自身的业务能力和专业水平	

（二）模块二　工作反馈与自评观测细则参考

表 2　教师进行英语日常生活渗透活动评价表

项目	观测事项	操作细节	评价
教态	站姿	大方自信，腰背挺直自然	
	站的位置	始终便于观察幼儿活动过程以及全场情况	
	肢体示范	动作到位、美观、符合活动情景需要	
	肢体回应	对幼儿做出的反应回应及时，多样	
	眼神交流	回应及时，和所有孩子都有交流	
	笑容	亲切	
语言	组织用语	简单、明了、准确	
	声音	响亮、抑扬顿挫、有活力	
	动作和话语	搭配自然、得当	
	语气	亲切、自然，能配合情景做适当变化	
	衔接与过渡	无冷场，流畅、自然，承上启下	
	对孩子的回答	语言回应及时、鼓励方式丰富	
活动效果	活动氛围	活跃、和谐	
	幼儿反应	学习积极主动，参与率高	
	目标完成度	基本训练落实，幼儿能力得到发展，较好完成目标	

续表

项目	观测事项	操作细节	评价
工作态度	敬业负责	把握好思政原则、严谨、细致、认真负责	
	高效执行	准确理解并高效落实任务要求，快速将想法或计划转化为行动	
	开放合作	心态开放、尊重他人，具有合作精神，在工作中主动为他人提供帮助和支持	
	关注品质	严格按照任务要求和分工开展工作，努力保证工作结果和质量	
	主动学习	保持开放的心态，利用各种机会加强学习，提高自身的业务能力和专业水平	

(三)模块三　工作反馈与自评观测细则参考

表 3　幼儿英语教育活动设计与组织评价表

项目	观测事项	操作细节	评价
对活动内容的把握	内容熟练度	内容呈现流利，无卡顿现象，如有歌曲，旋律节拍准确，能大体陈述语言重点	
	语言发音	内容语言发音准确，并能根据内容需要进行语调和语气变化	
	表演动作	肢体表演动作自信、大方、美观，表情能根据内容需要进行变化	
	情景创设	能把活动内容呈现于情景中，情景设计符合幼儿学习和心理特点，符合内容需求，重点突出	
活动设计	活动目标	1. 目标具体、明确，指向性强 2. 目标文字描述以幼儿发展为主(用能愿动词表述) 3. 注意寓思想教育于教学中	
	教学内容	1. 善于选择、正确理解教材 2. 运用教材有新意、贴近幼儿，贴近生活，善于扩展已有的经验 3. 内容分量得当，重点难点预测准确，难易适度，容量恰当	
	教学方法	1. 教学方法选择合理、适宜、有趣味性、启发性 2. 能有效地使用各教学手段，积极使用直观教具、教具准备充分，制作精美、使用得当、操作熟练，帮助幼儿理解教学内容。(使用教具( )种、学具( )种)	

续表

项目	观测事项	操作细节	评价
活动设计	活动过程设计	1. 整体设计能围绕着活动目标、合理地设计活动过程，结构合理，思路、层次清晰，突出重点，突破难点 2. 活动情景创设恰当有效，活动材料充足有层次，注重教师与幼儿、幼儿与幼儿、幼儿与环境的互动，引导幼儿主动探索、学习、发现、思考，培养幼儿的合作意识和能力 3. 以游戏为基本活动方式(活动设计中游戏( )个)，能体现幼儿为主体、教师为主导，游戏为主线的教学原则 4. 活动设计与各领域的内容有机联系，相互渗透，注重合理性、综合性、趣味性、活动性，寓教于生活、游戏中 5. 过程注重启发幼儿思维，重视动脑、动手、动口能力的培养 6. 各环节过渡中有承上启下的引领性问题，转换自然	
	环境与材料	1. 根据教育内容准备丰富适宜的材料和教育资源，供幼儿主动自由地探索，为幼儿提供充分参与和交流的条件和机会 2. 环境与材料富有安全性、趣味性、艺术性，具有教育的价值，一物多用	
活动过程模拟实施	师幼互动	1. 师生关系平等，体现相互尊重，互动情况好，幼儿参与度高，课堂气氛活跃、开心 2. 面向全体，关注个体差异，分类指导，使全体幼儿在自身基础上都能获得提高 3. 善于用发展性、激励性评价语言，让教学评价推动幼儿学习兴趣增长及参与活动的积极度 4. 注重幼儿良好学习习惯的培养，适时进行情感、态度、价值观教育 5. 完整流畅地实施活动过程，时间把握合理，内容分配有节奏 6. 过程中教师善于观察、参与、帮助和指导，能灵活把握活动设计方案，活动目标完成度高	
	教态	1. 站姿大方自信，腰背挺直自然 2. 站位始终便于观察幼儿活动过程以及全场情况 3. 肢体示范动作到位、美观、符合活动情景需要，对幼儿做出的反应回应及时、多样 4. 笑容亲切，眼神和所有孩子都有交流，交流回应及时	
	活动组织用语	1. 组织用语简单、明了、准确 2. 英语语音发音标准、声音响亮、抑扬顿挫、有活力 3. 动作和话语搭配自然、得当 4. 语气亲切、自然，能配合情景做适当变化 5. 衔接与过渡无冷场，流畅、自然，承上启下 6. 对孩子的回答语言回应及时、鼓励方式丰富	

续表

项目	观测事项	操作细节	评价
活动效果	活动氛围	活跃、和谐	
	幼儿反应	学习积极主动，参与率高	
	目标完成度	基本训练落实，幼儿能力得到发展，较好完成目标	
工作态度	敬业负责	把握好思政原则，严谨、细致、认真负责	
	高效执行	准确理解并高效落实任务要求，快速将想法或计划转化为行动	
	开放合作	心态开放、尊重他人，具有合作精神，在工作中主动为他人提供帮助和支持	
	关注品质	严格按照任务要求和分工开展工作，努力保证工作结果和质量	
	主动学习	保持开放的心态，利用各种机会加强学习，提高自身的业务能力和专业水平	

表 4　活动观察记录评价表

观测项目	观测细节	评价
幼儿学习观察点的全面性	1. 按教学步骤记录活动过程 2. 观察记录幼儿在活动中的情绪表现 3. 观察记录幼儿在活动中的专注度 4. 观察记录幼儿的社会发展 5. 观察记录幼儿的动作发展 6. 观察记录幼儿的语言发展	
教师教学观察点的全面性	1. 关注教学环节设计，是否灵活应变，调控活动节奏，完成既定活动目标 2. 关注重点突出，难点突破的方法 3. 关注教学方法和学习方法的培养 4. 关注辅助手段的应用与环境材料的应用 5. 关注活动组织的形式与拓展 6. 关注教师的基本功表现，语言、肢体语言的感染力，示范的标准性	
教学效果评价的建设性	1. 评价虚心、客观、有根据，从学习优点出发，不足的地方自己有思考 2. 建设性评价涉及教师、幼儿、师幼互动 3. 建设性评议或有疑问的地方描述具体，联系实际	

续表

观测项目	观 测 细 节	评价
工作态度	严谨、细致、认真负责	
	准确理解并高效落实任务要求，快速将想法或计划转化为行动	
	心态开放、尊重他人，具有合作精神，在工作中主动为他人提供帮助和支持	
	严格按照任务要求和分工开展工作，努力保证工作结果和质量	
	保持开放的心态，利用各种机会加强学习，提高自身的业务能力和专业水平	

参考文献

1. 高敬. 幼儿英语教育[M]. 上海：华东师范大学出版社，2007.

2.《幼儿英语教育活动指导》编写组. 幼儿英语教育活动指导[M]. 上海：复旦大学出版社，2012.

3. 杨文. 幼儿英语教学法[M]. 北京：中国书籍出版社，2006.

4. 陈冬花. 小学英语教学设计[M]. 北京：高等教育出版社，2015.

5. 黄衍玲. 幼儿英语教育活动设计与指导[M]. 济南：山东人民出版社，2012.

6. 宁有权. 幼儿园一日活动组织英语[M]. 北京：清华大学出版社，2008.

7. 王英龙，曹茂永. 课程思政我们这样设计(人文社科类)[M]. 北京：清华大学出版社，2021.

8. 陈华栋. 课程思政——从理念到实践[M]. 上海：上海交通大学出版社，2021.

9. 李春玲. 幼儿园大型活动组织与策划手册[M]. 北京：中国轻工业出版社，2020.

10. 单迎春. 学前英语教育[M]. 北京：清华大学出版社，2013.

11. 崔海燕，乌焕焕. 幼儿英语教育活动指导与实训[M]. 上海：复旦大学出版社，2017.

12. 安妮鲜花. 不能错过的英语启蒙[M]. 北京：外语教学与研究出版社，2011.

13. 苏小菊，任晓琴. 幼儿英语游戏活动指导与实践[M]. 上海：复旦大学出版社，2020.

14. 杨修平. 高职英语“课程思政”：理据、现状与路径[J]. 中国职业技术教育，2020(8).

15. 覃静. 学前教育专业英语学习任务领域分析[J]. 现代职业教育，2018(9).

16. 覃静. 学前英语师资培养模式的改革研究——以广西幼儿师范高等专科学校为例[J]. 教育教学论坛，2015(12).

17. 胡耀岗，葛东军. 幼儿园综合亲子活动的特点、类型及过程[J]. 教育导刊，2013(6).

18. 王蕊. 3—5岁幼儿学习英语现状及教育建议[D]. 辽宁师范大学，2015.

19. 魏森. 英语教师教育职前职后一体化课程体系及实践模式[J]. 教育与科学，

2009(4).

20. 韩雪梅，王淑丽，董亚杰，孙贺群. 幼儿英语教师培养模式的探究[J]. 当代教育论坛，2010(10).

21. 杨文. 幼儿英语教师的基本素质探析[J]. 英才高职论坛，2008(2).

22. 黄芳. 论学前双语新师资英语教育能力的培养[J]. 四川教育学院学报，2007(10).

23. 赵风云. 英语师范生学科教学能力发展研究[D]. 上海外国语大学，2010.

24. 胡新建，林跃武. 英语专业师范生非专业素养培养[J]. 江西教育学院学报，2011(3).

25. 罗凌霞，姜玫. 学前英语教师专业化素质探析及职前培养的策略探究[J]. 考试周刊，2013(105).

26. 袁玲，李寿宁，易小莉. 学前英语师资必备的基本技能研究[J]. 教学与管理，2008(7).

27. Nunan, D.. Practical English Language Teaching: Young Learners [M]. 北京：清华大学出版社，2013.

28. Bill Van Pattern. From Input to Output: A Teacher's Guide to Second Language Acquisition[M]. 王建勤，导读. 北京：世界图书出版公司，2007.

29. H. Douglas Brown. Teaching by Principles: An Interactive Approach to Language Pedagogy[M]. 文秋芳，导读. 北京：外语教学与研究出版社，2001.